CLASSIQUES LAROUSSE
Collection fondée en 1933 par FÉLIX GUIRAND
continuée par
LÉON LEJEALLE (1949 à 1968) et JEAN-POL CAPUT (1969 à 1972)
Agrégés des Lettres

ALFRED DE VIGNY

LES DESTINÉES

avec une Notice biographique, une Notice historique et littéraire, un Lexique, des Notes explicatives, une Documentation thématique, des Jugements, un Questionnaire et des Sujets de devoirs,

par

MAURICE TOURNIER
Maître-assistant à l'E.N.S. de Saint-Cloud

LIBRAIRIE LAROUSSE
17, rue du Montparnasse, 75298 PARIS

RÉSUMÉ CHRONOLOGIQUE DE LA VIE DE VIGNY 1797-1863

1797 — Naissance à Loches (Touraine), le 27 mars, d'**Alfred Victor de Vigny,** fils du capitaine comte Léon de Vigny et de Marie-Jeanne de Baraudin. — Sa petite enfance se passera au Tronchet (Beauce).

1799 — Installation (février) des Vigny à Paris, à l'Élysée-Bourbon, où ils résideront jusqu'en 1804. — Éducation maternelle selon l'*Emile*.

1807 — Déménagement rue du Marché-d'Aguesseau. Amitié du peintre Girodet. — Vigny à la pension Hix, faubourg Saint-Honoré.

1811 — Préparation à Polytechnique au lycée Bonaparte (actuel lycée Condorcet); mais Vigny ne se présentera pas au concours. Études terminées à la maison. — Lecture des *Mémoires* de Retz : Vigny entreprend une *Histoire de la Fronde*.

1814 — Il s'engage dans les Compagnies rouges de la Maison du roi (juillet). — Lectures : Homère, les tragiques grecs.

1815 — Mme de Vigny rédige ses *Conseils à mon fils*. — Vigny accompagne à Béthune Louis XVIII en fuite vers Gand (mars). Interné à Amiens, il rejoint en juillet son escadron et se trouve licencié avec lui.

1816 — Sous-lieutenant au 5e régiment d'infanterie de la garde royale (avril). Vigny suivra jusqu'en 1823 son unité en garnison aux alentours de Paris et de Rouen. — Mort de son père (juillet).

1820 — Rencontre de Hugo chez Émile Deschamps. Collaboration au *Conservateur littéraire*, où il publie son premier poème, « le Bal ». Il fréquente le salon de Mme Ancelot : rencontre de Delphine Gay.

1822 — Publication des *Poèmes* (mars), composés de six pièces. — Promu lieutenant à l'ancienneté, Vigny part pour Orléans. — Il est, avec Lamennais, témoin au mariage de Hugo (octobre).

1823 — Capitaine, muté au 55e de ligne sur sa demande, Vigny va à Strasbourg (mars), s'éloignant de Delphine Gay (opposition de sa mère à leur mariage). — Première visite à sa tante, la « chanoinesse » du Maine-Giraud. — Passage à Bordeaux (août). Composition d' « Eloa » et du « Déluge ». Répression de l'émeute de Poque à Pau par le 55e. Au lieu de participer à la guerre d'Espagne, Vigny continue sa vie de garnison. — Collaboration à la *Muse française* (« Dolorida », « la Neige »).

1824 — Congés à Paris. Excursions dans les Pyrénées. **Rencontre de Lydia Bunbury à Pau. — Publication d' « Eloa »** (avril).

1825 — Mariage civil et protestant avec Lydia à Pau (février). Mariage catholique à Paris (mars). — Amitié de Berlioz.

1826 — Publication des *Poèmes antiques et modernes* (janvier), comprenant six pièces ajoutées aux *Poèmes* de 1822, dont « Héléna » est écarté. **Succès de *Cinq-Mars*** (avril). — Amitié de Lamartine.

1827 — Vigny, en congé depuis décembre 1824, est admis à la réforme (avril). — Installation à Paris; rencontre de Sainte-Beuve. Premiers mercredis de Vigny. — Adaptation de *Roméo et Juliette* de Shakespeare, en collaboration avec Émile Deschamps. — Mort de la « chanoinesse »; Vigny hérite du Maine-Giraud.

1829 — Édition augmentée des *Poèmes* (mai). — Lecture du Coran. Influence de Saint-Simon et de Buchez, puis de Lamennais. — **Représentation de son adaptation du *More de Venise*** (d'après l'*Othello* de Shakespeare) à la Comédie-Française (octobre).

1830 — Vigny assiste à la première d'*Hernani* (février). Il a le grade de chef de bataillon de la garde nationale (août). — Rencontre de l'actrice Marie Dorval. — Lecture de Goethe.

ISBN 2-03-870182-2

1831 — Publication de « Paris » (poème), des premiers récits de *Stello* et de l'*Alméh* (avril). **Représentation de *la Maréchale d'Ancre*,** interprétée par Mlle George (juin). — **Liaison avec Marie Dorval** (août). — Installation des Vigny rue des Écuries-d'Artois (septembre). *Lettre sur le théâtre,* dans *la Revue des Deux Mondes; Lettre à l'Avenir.*

1832 — Choléra : Vigny, sa femme et Marie Dorval en guérissent. — **Publication de *Stello*** (juin). — Vigny installe Marie rue Montaigne; elle se lie avec George Sand. — Publication des « Amants de Montmorency », poème. — Lecture de Jouffroy et de Ballanche.

1835 — **Triomphe de *Chatterton*** (février) à la Comédie-Française (36 représentations); succès de Marie Dorval en Kitty Bell. — ***Servitude et grandeur militaires*** (octobre). — Vigny garde-malade : sa mère est paralysée depuis 1833; sa femme devient impotente.

1837 — **Fusion des poèmes édités en 1822, 1826, 1829, 1831 et 1832 dans un nouveau recueil.** — Vigny écrit *Daphné.* — La mort de sa mère (décembre) le rapproche momentanément du catholicisme. Lecture de Jean Chrysostome et de Julien l'Apostat.

1838 — Liaisons de Vigny avec Julia Battlegang et de Marie Dorval avec Jules Sandeau. Rupture définitive entre Vigny et Marie (septembre-octobre). — Séjour au Maine-Giraud; lectures jansénistes; période de grande inspiration. — Voyage en Angleterre (novembre) pour la succession Bunbury. Rencontre de Camilla Maulnoir.

1839 — Visite aux forges de Birmingham. Rencontre de Louis Napoléon Bonaparte chez lady Blessington. Retour à Paris en avril. — Salon de Mme Holmès. Lecture de la *Vie de Jésus* de Strauss.

1840 — Liaison avec Triphina Holmès. Reprises de *Chatterton,* puis de *la Maréchale d'Ancre,* avec Marie Dorval, à la Comédie-Française. — Vigny accompagne au Havre les sœurs Julia et Maria Battlegang (septembre). — Lectures de Tocqueville, de Fourier, de Proudhon.

1841 — Lettre aux députés *(De Mlle Sedaine et de la propriété littéraire)* dans *la Revue des Deux Mondes.* — Publication des *Poésies complètes.*

1843 — Lecture de Malebranche, puis de Spinoza. — **Publication de « la Sauvage », de « la Mort du Loup », de « la Flûte »** (poèmes) dans *la Revue des Deux Mondes.*

1844 — Trois nouveaux échecs à l'Académie française. — **« Le Mont des Oliviers », « la Maison du Berger »** dans *la Revue des Deux Mondes* (juillet).

1845 — Rencontre de Wanda Kosakowska au Théâtre-Italien. — **Élection de Vigny à l'Académie française** (mai). En janvier 1846, Molé le recevra avec malveillance.

1847 — Retraite au Maine-Giraud. Lecture de Tourgueniev. — Naissance d'Augusta Holmès, dont Vigny est le parrain.

1848 — Échec à la députation en Charente (avril). Voyages entre Paris et le Maine-Giraud, où les Vigny s'installent en août. — Rencontre d'Elisa Le Breton.

1854 — Vigny, rentré à Paris, présente ses vœux aux Tuileries (janvier). — Dîner chez l'empereur (février). — Liaison avec Louise Colet, qui cessera en 1857. — **Publication de « la Bouteille à la mer »,** poème. Assiduité à l'Académie.

1859 — Amitié de Ratisbonne et de Franck. Liaison avec Augusta Bouvard. — Réédition des *Poèmes antiques et modernes,* définitive.

1862 — Maladie : cancer à l'estomac ressenti depuis un an. — Rencontre de Baudelaire. Entretiens avec le père Gratry. Lectures positivistes. Amitié de Mme Hanska. — Mort de Lydia, femme du poète.

1863 — Testament en faveur de Louise Lachaud-Ancelot (juin). Louis Ratisbonne est l'héritier littéraire. — **Mort de Vigny à Paris le 17 septembre.** Obsèques à Saint-Philippe-du-Roule. Tombe au cimetière Montmartre.

Vigny avait 15 ans de moins que Lamennais, 14 de moins que Stendhal et Nodier, 9 de moins que Byron, 7 de moins que Lamartine, 4 de moins que Casimir Delavigne. — Il avait 1 an de plus que Michelet et Auguste Comte, 2 de plus que Balzac et Heine, 5 de plus que Hugo, 6 de plus que Berlioz, 7 de plus que Sainte-Beuve et G. Sand, 13 de plus que Musset, 14 de plus que Th. Gautier.

Phot. Larousse.

PORTRAIT DE VIGNY À L'ÂGE DE HUIT ANS

« J'ai fait illustre un nom

Phot. Nadar.

PORTRAIT DE VIGNY À L'ÉPOQUE DES « DESTINÉES »

qu'on m'a transmis sans gloire. » (« À Éva », vers 5.)

ALFRED DE VIGNY ET SON TEMPS

	la vie et l'œuvre de Vigny	le mouvement intellectuel et artistique	les événements politiques
1797	Naissance d'Alfred de Vigny à Loches, en Touraine (27 mars).	Naissance de P. Leroux, d'A. Thiers, de F. Schubert, de Donizetti. B. Constant : *Des réactions politiques.* Chateaubriand : *Essai sur les révolutions.*	Complot royaliste du 18-Fructidor contre le Directoire. Campagne d'Italie dirigée par Bonaparte.
1815	Vigny, mousquetaire du roi, escorte sa fuite. Composition de « la Dryade », idylle, et de « Symétha », élégie. *Roland, Julien l'Apostat, Antoine et Cléopâtre,* tragédies (brûlées).	Béranger : *Chansons.* Mme de Staël : *Considérations sur la Révolution.* C. Delavigne : premières *Messéniennes.* Géricault : *le Radeau de la « Méduse ».*	Les Cent-Jours. Waterloo (18 juin). Seconde Restauration. Terreur blanche. Traité de Paris. Formation de la Sainte-Alliance.
1820	*Le Bal,* article sur Byron dans *le Conservateur littéraire.* Composition de « la Prison », d'« Héléna », de « la Fille de Jephté », poèmes, du « Malheur », ode, et de « la Neige », ballade.	Lamartine : *Méditations poétiques.* Ch. Nodier : fondation des *Annales; Mélanges de littérature et critique.* Ampère découvre l'électrodynamique.	Assassinat du duc de Berry (février). Démission de Decazes. Mesures de répression. Soulèvements libéraux à Cadix et à Naples.
1822	*Poèmes* (première édition). « Le Trappiste », satire dédiée à Lamennais. Composition de « Moïse ».	Stendhal : *De l'amour.* V. Hugo : *Odes.* Ch. Nodier : *Trilby.* E. Delacroix : *la Barque de Dante.* Saint-Simon : *le Système industriel.* Fourier : *Traité de l'association domestique agricole.*	Ministère Villèle : lois sur la presse. Congrès de Vérone : la France est chargée de réprimer le soulèvement espagnol. Proclamation de l'indépendance grecque.
1825	Mariage avec Lydia Bunbury. Achèvement du « Cor ».	Lamartine : *le Dernier Chant du pèlerinage d'Harold.* P. Mérimée : *Théâtre de Clara Gazul.* Stendhal : *Racine et Shakespeare.*	Sacre de Charles X. Lois sur les congrégations, sur le milliard des émigrés.
1826	*Poèmes antiques et modernes. Cinq-Mars,* roman historique.	Chateaubriand : *Œuvres complètes,* contenant *les Natchez.* Guizot : *Histoire de la Révolution.*	Échec de la loi sur le droit d'aînesse. Siège d'Athènes par les Turcs.
1831	Liaison avec Marie Dorval. *Lettre sur le théâtre* (à propos d'*Antony*). *Lettre à « l'Avenir ». La Maréchale d'Ancre,* drame. « Paris », poème.	V. Hugo : *Notre-Dame de Paris; les Feuilles d'automne.* H. de Balzac : *la Peau de chagrin.* Stendhal : *le Rouge et le Noir.* H. Daumier : illustrations pour *Gargantua.*	Ministère Casimir Perier. Première insurrection lyonnaise. Soulèvement libéral en Italie. Répression en Pologne.

1835	*Chatterton*, drame. *Servitude et grandeur militaires.*	Tocqueville : *De la démocratie en Amérique.* H. de Balzac : *le Lys dans la vallée.* Sermons de Lacordaire.	Procès des insurgés de 1834. Attentat de Fieschi. Lois de Septembre (Thiers réduisant la liberté de la presse). Prise de Tlemcen.
1838	Rupture avec Marie Dorval. Composition de « la Mort du Loup », du début de « la Maison du Berger » et de « la Colère de Samson ».	V. Hugo : *Ruy Blas.* Lamartine : *la Chute d'un ange.* Stendhal : *Mémoires d'un touriste.* Hégésippe Moreau : *le Myosotis.*	Première pétition de la garde nationale pour la Réforme. Meeting chartiste à Birmingham.
1842	Deux échecs à l'Académie française. Achèvement de « la Sauvage » et des strophes sur le chemin de fer dans « la Maison du Berger ».	V. Hugo : *le Rhin.* Th. de Banville : *les Cariatides.* A. Comte : *Cours de philosophie positive.*	Charte des voies ferrées. Accident ferroviaire à Versailles. Affaire Pritchard.
1844	Publication de « la Maison du Berger » et du « Mont des Oliviers », poèmes.	G. de Nerval : *Sonnets.* A. Dumas : *les Trois Mousquetaires.* V. Hugo : « A Villequier ». Th. Rousseau : *Marais dans les Landes.*	Les réfugiés politiques fondent à Paris le parti de la « Jeune-Europe », organisé par Mazzini.
1850	Première rédaction des « Oracles ». Composition du « Silence ».	Lamartine : *Conseiller du peuple.* Marie d'Agoult : *la Révolution de 1848.* Courbet : *l'Enterrement à Ornans.* R. Wagner : *Lohengrin.*	Loi Falloux sur la liberté de l'enseignement. Mort de Louis-Philippe. Rétablissement du cens électoral.
1856	Mort de Mme Holmès. Composition des « Billets de Wanda », poème commencé en 1847.	V. Hugo : *les Contemplations.* Nerval : *Aurélia.* G. Flaubert : *Madame Bovary.*	Guerre contre la Russie : prise de Sébastopol; congrès et traité de Paris.
1862	Remaniement des « Oracles » et du « Post-Scriptum ». Mort de Lydia.	V. Hugo : *les Misérables.* Spencer : *Premiers Principes.* E. Manet : *Lola de Valence.* Synthèse de l'acétylène par Berthelot.	Expédition du Mexique. Discussion animée de l'Adresse à Napoléon III. Alexandre II abolit le servage.
1863	Achèvement de « l'Esprit pur ». Mort d'Alfred de Vigny à Paris (17 septembre).	E. Renan : *la Vie de Jésus.* H. Taine : *Histoire de la littérature anglaise.* E. Manet : *le Déjeuner sur l'herbe.* Invention du procédé Solvay pour la fabrication de la soude.	Guerre de Sécession aux États-Unis : victoires nordistes à Gettysburg et à Chattanooga. Révolte polonaise écrasée par le tsar.

BIBLIOGRAPHIE SOMMAIRE

La présente édition prend pour base l'édition critique donnée en 1947 par V. L. Saulnier (Droz-Minard) et la confronte avec deux éditions antérieures (F. Baldensperger, Conard, 1914, et L. Séché, Renaissance du Livre, s. d.) et deux éditions ultérieures (A. Bouvet, Colin, 1958, et P. G. Castex, S. E. D. E. S., 1964).

L'Index des mots thèmes a été mis au point à l'aide de l'Index des *Destinées* établi par le Centre d'étude du vocabulaire français de la faculté des lettres de Besançon, sous la direction de B. Quemada.

Fernand Baldensperger — *Vigny. Biographies intellectuelles* (Paris, Hachette, 1912 ; Les Belles Lettres, 1933).

Léon Séché — *Vigny* (2 vol., Paris, Mercure de France, 1913).

Pierre Flottes — *la Pensée politique et sociale de Vigny* (Paris, Les Belles Lettres, 1927). — *Vigny et sa fortune littéraire* (Bordeaux, Ducros, 1970).

Pierre Moreau — *les « Destinées » de Vigny* (Paris, Malfère, 1936).

Georges Bonnefoy — *la Pensée religieuse et morale d'Alfred de Vigny* (Paris, Hachette, 1944).

Pierre Georges Castex — *Vigny, l'homme et l'œuvre* (Paris, Boivin, 1952 ; Hatier, 1963).

Henri Guillemin — *Monsieur de Vigny, homme d'ordre et poète* (Paris, Gallimard, 1955).

François Germain — *l'Imagination d'Alfred de Vigny* (Paris, Corti, 1962).

Paul Viallaneix — *Vigny par lui-même* (Paris, Seuil, 1964).

Marc Eigeldinger — *Alfred de Vigny* (Paris, Seghers, 1965).

Robert Abirached — *Vigny ou le Feu de la raison* (Paris, U. G. E., 1966).

Maurice Toesca — *Vigny ou la Passion de l'honneur* (Paris, Hachette, 1972).

Jacques Philippe Saint-Gérard — *les Destinées d'un style. Essai sur les poèmes philosophiques* (Paris, Lettres modernes, 1980).

LES DESTINÉES
1837-1864

NOTICE

CE QUI SE PASSAIT DE 1837 À 1864

Les exégètes ont pris l'habitude, à la suite de P. Moreau, de distinguer différents cycles dans la genèse des Destinées. *Voyons, pour chaque « étape », quels événements ont présidé à l'écriture des poèmes.*

1837-1839

● ***Époque des poèmes du « retirement » et du « désespoir »*** *(selon V. L. Saulnier et P. G. Castex) : « la Mort du Loup », « la Colère de Samson », « le Mont des Oliviers ». Du fait de la mort de sa mère et de sa rupture avec Marie Dorval, Vigny subit une crise religieuse et sentimentale qui lui fait fuir Paris et s'attarder, pour écrire, au Maine-Giraud et en Angleterre (où il observe de près la misère des forges). Correspondance littéraire avec le prince de Bavière.*

● ***Stabilité politique :*** *la guerre d'Algérie se termine victorieusement (traité de la Tafna). Le ministère Molé se sent fort et amnistie les insurgés de 1834, dont Auguste Blanqui et Barbès. L'émeute des « Saisons » échouera. Les élections de 1837 sont favorables au gouvernement. Mais 1838 voit se coaliser contre Molé les « doctrinaires » de Guizot et les centres (Thiers et Dupin). La garde nationale manifeste pour la Réforme électorale. La crise égyptienne ébranle l'Entente cordiale scellée avec l'Angleterre.*

● ***Innovations techniques :*** *l'industrie se développe. Les Pereire construisent la ligne de chemin de fer de Paris à Saint-Germain en 1837. L'année suivante, le premier bateau à hélice est lancé en France. Molé fait voter un plan général des communications. Invention de la daguerréotypie en 1839. Adolphe Blanqui :* Cours d'économie industrielle *(1838).*

● ***Floraison littéraire :*** *époque de grandes œuvres poétiques (*les Voix intérieures *de Hugo;* la Nuit d'octobre *de Musset;* les Recueillements *de Lamartine), théâtrales (*Ruy Blas *de Hugo), romanesques (*César Birotteau, la Maison Nucingen, Illusions perdues *de Balzac;* Mauprat *de George Sand;* la Chartreuse de Parme *de Stendhal;* les Aventures d'Arthur Gordon Pym *d'Edgar Poe) et sociales (Buchez, Louis Blanc et surtout Lamennais, en pleine révolte). Fondation en 1838 de la Société des gens de lettres.*

1840-1844

● ***Cycle de la pitié et de l'espoir*** *dans les poèmes des* Destinées; *efforts de reconstruction et « conquête d'un équilibre » : «* la Sauvage *», «* la Flûte *», «* la Maison du Berger *». Des consolations féminines, la lutte pour la propriété littéraire et pour l'Académie, des publications fréquentes dans* la Revue des Deux Mondes *montrent un écrivain combatif que ne rebutent pas ses échecs.*

● ***Malaise en France :*** *la crise politique (ministère Thiers, puis Guizot) s'aggrave d'une crise sociale : chômage et grèves, extension du mouvement réformiste, querelle scolaire de 1843. A l'extérieur, tension franco-anglaise, que Guizot et Aberdeen apaisent, mais que réenvenime l'affaire Pritchard en 1844. Querelle franco-allemande : chant du* Deutschland über alles, *polémique par poèmes entre Becker et Musset; Lamartine tente de calmer les esprits avec sa* Marseillaise de la paix *(1841). Réfugiés politiques à Paris : Marx, Mazzini (fondation de la Jeune-Europe).*

● ***Bouillonnement des idées sociales :*** *Tocqueville termine sa* Démocratie en Amérique. *Manifestes d'Owen, de Considérant. Buchez fonde* l'Atelier *en 1840. Proudhon publie* ses deux Mémoires *en 1840 et 1841, puis ses* Principes d'organisation politique; *P. Leroux,* De l'humanité; *Cabet,* Voyage en Icarie; *Villermé, son enquête sur les ouvriers des filatures. L. Reybaud fait le point de toutes ces théories dans ses* Etudes sur les réformateurs et socialistes modernes. *Montalembert :* Devoir des catholiques. *Flora Tristan ouvre l'ère du féminisme et propage les idées socialistes* (Union ouvrière). *Ces thèmes sociaux gagnent les écrivains : George Sand écrit* le Compagnon du tour de France; les Mystères de Paris *(1842), puis* le Juif errant *(1844) d'E. Sue diffusent le fouriérisme. Balzac :* les Paysans.

● ***Renouveau de la mode orientale :*** *tandis que Hugo sème d'année en année* (les Rayons et les Ombres, le Rhin, les Burgraves), *comme Balzac et Alexandre Dumas, un nouvel exotisme oriental se développe, depuis les* Livres sacrés de l'Orient *de Pauthier (1840) jusqu'à l'*Introduction au bouddhisme indien *de Burnouf (1844), en passant par Delacroix* (Prise de Constantinople), *le* Voyage en Orient *de Nerval (1843) et les traductions de la* Collection orientale. *Vigny reprend l'*Alméh *en 1841 et protège l'indianiste Desgranges* (Grammaire sanscrite).

1847-1850

● ***Enthousiasmes et rancœurs de Vigny :*** *moqué à l'Académie lors de sa réception (1846), écœuré par la corruption de la monarchie de Juillet, Vigny est rentré au Maine-Giraud en 1847 et rédige ses Mémoires.*

Flambée d'enthousiasme en 1848, mais échecs électoraux réitérés. D'où « liquidation politique » et « conversion à l'éternel » : « les Oracles » et son « Post-Scriptum », « Wanda », « la Bouteille à la mer », « les Destinées ». Retour à la vie privée : « le Silence » (1851).

● **Une ère de révolutions** *s'ouvre en Europe.* **1847 :** *crise économique, scandales gouvernementaux et mondains, campagne des « banquets », jacqueries et chômage en France; Risorgimento en Italie; Ligue des communistes à Londres.* — **1848 :** *révolution parisienne des 22-24 février et abdication de Louis-Philippe. Lamartine proclame la république. Gouvernement provisoire et élections. Mais l'insurrection ouvrière de juin est réprimée sauvagement par Cavaignac et l' « ordre » revient. Louis Napoléon marche de la présidence à l'empire (coup d'État du 2 décembre 1851) : approbation de Vigny. Toutes les révolutions européennes sont matées : Radetzky écrase Charles-Albert; expédition d'Oudinot à Rome; Ferdinand II rétablit l'absolutisme dans les Deux-Siciles.*

● ***Une littérature « engagée ».*** **Avant 1848 :** *premier tome de* l'Histoire de la Révolution française *de Michelet;* Histoire des Girondins *de Lamartine;* Misère de la philosophie *de Marx, répondant à Proudhon, et* Manifeste communiste. — **Pendant l'année 1848 :** Bulletins de la République, *rédigés par George Sand; discours de Lamartine et de Hugo (fondation de* l'Événement). *Stuart Mill :* Principes d'économie politique. *Renan rédige* l'Avenir de la science *(publié en 1890).* — **Après 1848 :** *Lamartine :* Histoire de la Révolution de 1848 *et* Confidences; *Proudhon :* Confessions d'un révolutionnaire; *Bastiat :* Harmonies économiques; *Ménard :* Prologue d'une révolution. *Victor Hugo :* Napoléon le Petit *(1851).* — *Peintures et romans deviennent sociaux : de la* Cousine Bette *et des* Courtisanes *de Balzac au* David Copperfield *de Dickens et aux* Scènes de la vie de bohème *de Murger, du* Vanneur *de Millet à* l'Enterrement à Ornans *de Courbet.*

1862-1864

● ***L'Esprit pur : mythique de l'écriture.*** *Vigny malade compte ses morts et ses amis, remanie son message politique et médite son testament spirituel. Il est proche des poètes et des penseurs de l'époque (A. Comte), mais désormais très loin des événements : transcendance de l'Esprit pur.*

● ***Mutation sociale*** **:** *en apparence, tassement politique; mais les camps antagonistes s'organisent. Le feu couve : mouvement « populiste » en Russie, tentative de Garibaldi contre Rome (1862), fondation de l'Association des ouvriers allemands, écrasement d'une nouvelle révolte polonaise (1863). Création du Comité des forges et, à Londres, de la Première Internationale des travailleurs (1864). C'est l'époque de Bismarck, de*

Marx et de la Convention de Genève. L'œuvre de Vigny décrit un monde passé.

● ***Des voies nouvelles :*** *la science fait des progrès de géant; darwinisme triomphant, pasteurisation réussie (1862), succès de la médecine de Cl. Bernard (1865). L'antiromantisme a débouché sur le réalisme et le Parnasse :* Salammbô *de Flaubert et les* Poèmes barbares *de Leconte de Lisle sont publiés en 1862;* Renée Mauperin *des Goncourt et* la Cité antique *de Fustel de Coulanges en 1864. Nouveaux maîtres : Spencer, Stuart Mill, Renan et Taine, Renouvier.* Le Dictionnaire *de Littré est commencé. Pourtant, les dernières flammes romantiques sont belles :* les Misérables *de Hugo,* Dominique *de Fromentin (1862),* Grève de Samarez *de P. Leroux et* Bible de l'humanité *de Michelet (1864). Baudelaire écrit ses* Poèmes en prose *et Tolstoï commence* Guerre et Paix, *tandis qu'on joue à Paris* Mireille, *opéra de Gounod d'après le poème de Mistral, et* la Belle Hélène, *de Meilhac et Halévy, avec une musique d'Offenbach, contrastes bizarres que les écoles de peinture ne font que renforcer (Ingres, Delacroix, Courbet, Manet).*

L'UNITÉ DES « DESTINÉES »

Quand Louis Ratisbonne publie en 1864 la première édition des *Destinées,* il en fait précéder le titre de la mention « œuvres posthumes ». Or un recueil de ce genre n'est le plus souvent qu'un fourre-tout des inventaires après décès auxquels se livrent héritiers et érudits. Cet aspect d'hétérogénéité apparaît dans *les Destinées* quand on considère les dates de gestation et d'écriture des poèmes. Mais l'impression s'efface vite lorsqu'on pénètre dans l'œuvre. Il y a là un message voulu, final et fidèle.

Homogénéité du choix

Ratisbonne, disciple préféré du maître, appartient, comme César Franck, à ce groupe d'amis juifs qui l'a entouré à la fin de sa vie et s'est voulu son exact exécuteur testamentaire. Vigny, en sus des manuscrits d'œuvres publiées et de quelques agendas, ne lui avait-il pas laissé, avec ordres exprès, le legs de ce qu'il jugeait publiable? Le reste fut soit brûlé par Vigny lui-même, soit confié à Mme Lachaud-Ancelot, sa fille naturelle et légataire universelle. Au lot hétéroclite de documents intimes que Mme Lachaud transmit à Marc Sangnier, et d'où Jean Sangnier a tiré en 1958 ses *Mémoires inédits* de Vigny, se différencie donc, dès le partage de 1863, de ce fameux « fonds Ratisbonne », trié par Vigny dans la meilleure part de ses manuscrits. Dispersé aujourd'hui, communiqué par bribes ou copies aux chercheurs, il ne nous donne accès qu'aux originaux de grandes œuvres, rachetés à temps par Louis Barthou, ou bien aux rares documents, précieux pour suivre la genèse du recueil, qui ont fini par atteindre, après 1900, soit la collection Lovenjoul, soit la Bibliothèque nationale (voir le manuscrit n. a. f. 24984, qui concerne en partie *les Destinées* et dont Henri Guillemin a dressé la table). Le reste, cahiers, carnets, feuillets et lettres, est maintenant la proie de collectionneurs, les héritiers Tréfeu-Ratisbonne ayant, fragment par fragment, vendu nombre de pièces.

Avant d'opérer en 1867 le choix restreint du *Journal d'un poète*, le disciple, fidèle aux indications maintes fois données, a joint six poèmes inédits de son legs aux sept poèmes déjà publiés dans *la Revue des Deux Mondes*.

État du recueil des *Destinées* :

1. Poèmes publiés par Vigny (1843-1854) : « la Sauvage », « la Mort du Loup », « la Flûte », « le Mont des Oliviers », « la Maison du Berger », « la Bouteille à la mer ».

2. Poème publié isolément par Ratisbonne (1864) : « la Colère de Samson ».

3. Poèmes inédits : « les Destinées », « les Oracles », «Wanda », « Billets de Wanda », « le Silence », « l'Esprit pur ».

Soit treize pièces, fondues en onze œuvres, auxquelles les éditions ultérieures n'ont ajouté que des variantes et des documents annexes : projets en prose, premiers jets ou strophes non retenues.

Étant donné cette venue en ligne directe d'une source choisie, le recueil des *Destinées* fait donc un tout et doit, dès sa parution en 1864, être considéré comme définitif.

RIGUEUR FORMELLE

Les *Poèmes antiques et modernes* rassemblaient des pièces d'inspiration et de forme diverses : alexandrins non strophés de « Moïse » et du « Déluge », chants d' « Éloa », quatrains de « la Fille de Jephté », dizains d'octosyllabes du « Malheur », décasyllabes de « Madame de Soubise », mélange des mètres de « la Frégate », etc. A ces *poèmes, élévations, mystères* et *élégies*, d'inspiration *mystique, antique* ou *moderne*, s'opposent la rigueur et l'unité des *Destinées*. Vigny était arrivé, dès avant 1838, époque de « la Mort du Loup », à une conception personnelle du *poème*, « idée philosophique mise en scène sous une forme épique ou dramatique ».

C'est dans ce champ de création que Vigny s'affirmait « parti premier ». Emile Deschamps, d'ailleurs, ne publiait-il pas, dans une préface de 1828, que, Hugo s'étant révélé dans l'ode lyrique et Lamartine dans l'élégie, c'était à son ami que revenait la palme du poème? « Je me suis toujours trouvé le génie épique », est-il noté dans le *Journal* (1832).

Au moment des *Destinées*, Vigny se trouve engagé à fond dans cette voie. Les commentateurs sont unanimes à le constater. Une telle création raisonnée de mythes explicatifs consiste à « substituer aux idées abstraites une courte épopée » (Dorison), à résoudre « l'antinomie de l'art et de la pensée » (Paléologue), pour aboutir à une « forme complexe de poésie, épique par le sujet et quelque développement extérieur, lyrique par une incantation à la fois sourde et fulgurante, intellectuelle par le sens sous-entendu » (Baldensperger). Ainsi, « les images empruntées au monde extérieur, et qui semblent le reproduire, composent en réalité une langue personnelle qui permet de se découvrir et de s'exprimer » (F. Germain).

Par un effort conjoint, Vigny tend à imposer à cette conception élevée de la poésie une structure non moins précise et difficile. Pour L. Dorison, un dessein général de composition présiderait à la plupart des poèmes, avec prologues (décors) et épilogues (moralités et post-scriptums). V. L. Saulnier voit chaque œuvre s'organiser humainement autour de la trilogie du bourreau, de la victime et du vengeur. Mais l'effort le plus évident du poète se situe sur le plan pur de la prosodie. Il ne s'agit pas de prouesses, comme Hugo ou Gautier ont pu en faire. Il s'agit, pour Vigny, d'une recherche patiente de la forme métrique la mieux adaptée à sa construction mythologique. Dans ce domaine, si l'on met à part la *terza rima* du poème initial, d'ailleurs adoptée après coup, la répartition des alexandrins, seul mètre désormais employé, s'opère dans *les Destinées* selon deux modes généraux :

— une suite de distiques (rimes plates) respectant l'alternance des féminines et des masculines : structure de « Moïse » et d' « Éloa », que reprennent « la Mort du Loup », « la Colère de Samson », « la Sauvage », « la Flûte » et « le Mont des Oliviers », composés de 1838 à 1843;

— une structure nouvelle très régulière et un peu lourde de septains mariant un quatrain à rimes croisées et un quatrain à rimes embrassées, ouverts par une féminine et clos par la masculine, qui sert à la strophe de rime de liaison. Déjà utilisée par Musset dans son prologue des *Marrons du feu* (1829) et par Hugo dans *Magnitudo Parvi* (1836), un tel agencement convient particulièrement bien au souffle de Vigny et au mouvement de sa pensée par son amplitude et sa délimitation.

Septain des *Destinées;* disposition des rimes :

quatrain croisé	*a* (féminine)	
	b (masculine)	
	a (féminine)	
	b (masculine)	quatrain embrassé
	c (féminine)	
	c (féminine)	
	b (masculine)	

Cette facture rigoureuse préside à la plupart des grandes œuvres que Vigny écrit de 1842 à 1863 : « la Maison du Berger », « les

Oracles », « le Silence », « la Bouteille à la mer », « Wanda », « l'Esprit pur ». Elle est l'aboutissement de ses efforts d'artisan pour sculpter son *poème*.

Pensée persévérante

Vigny appelait Stello et le Docteur Noir deux « inséparables ennemis ». Aussi inséparables, les idéaux qu'il chante et les maux qu'il dénonce. Double postulation fondamentale, mais sans la foi pascalienne, d'une grandeur et d'une misère de l'homme. Quelle est l'unité profonde de cette double pensée? Plusieurs interprétations partagent les commentateurs.

Catholicisme? (Abbé Lagrange, 1914.)

Certes, Vigny eut une enfance fort catholique, dominée par l'influence de sa dévote mère. On lui fit apprendre par cœur la Bible et *l'Imitation de Jésus-Christ*. Grand lecteur de Chateaubriand, de Bonald et de Maistre, il a subi aussi les influences de Ballanche et de Lamennais, qu'il aurait aimé voir revenir à l'orthodoxie. Désespéré par la mort de sa mère, il a même esquissé vers la fin de 1837 une tentative de retour : « Donnez-moi, ô mon Dieu, écrit-il dans le *Journal*, la certitude qu'elle m'entend! »

Mais il n'est resté chez lui du catholicisme que des marques extérieures : le mariage à la Madeleine, les cérémonies dévolues à un notable (baptême d'une cloche en 1850), les images et le rituel religieux omniprésents dans son œuvre, et surtout sa mort « exemplaire », l'abbé Vidal, curé de Bercy, lui administrant les derniers sacrements sur sa demande. « Homme d'ordre » certainement que ce Vigny catholique qui encourage le nouveau pape en 1848, défend la religion contre les idées subversives et la juge bonne pour le peuple, qui « a besoin de pompe dans ses fêtes ». N'approuve-t-il pas la révocation de Renan?

Mais, au fond de lui-même, il demeure, depuis l'échec irréparé de sa première communion (voir les *Mémoires inédits*, p. 70), celui qui, l'ayant souhaité, n'a jamais entendu l'appel de Dieu. « J'ai la charité, j'ai l'espérance, reconnaissait-il, mais je n'ai pas la foi. »

Jansénisme? (Léon Séché, 1913.)

Il est aisé de montrer que Vigny, grand lecteur de Pascal et de saint Augustin, passionné par la découverte du manuscrit des *Pensées* et les travaux de Cousin, était aussi érudit sur les problèmes théologiques de la grâce et du libre-arbitre (voir le *Journal*, 1838) que sur l'histoire de l'Église et la querelle de Pélage. Par sa mère, ne se rattacherait-il pas aussi à une certaine tradition janséniste? On sait comme il a dévoré dans sa jeunesse la bibliothèque janséniste de son grand-oncle, l'abbé de Baraudin. Il est certain, d'autre part, que de nombreux thèmes communs rapprochent Vigny et les port-royalistes : prédestination (« les Destinées »), Dieu caché (« le Mont des Oliviers »), misère de l'homme et dignité de sa pensée (« la Flûte », « l'Esprit pur »), sens puritain du péché (« la Colère de Samson »), solitude sainte (« la Maison du Berger »). Certains thèmes sont plus proprement pascaliens : le moi haïssable (antiromantisme fréquent chez Vigny), la dialectique de l'abaissement et de la louange, et surtout cette analyse du divertissement, dont Vigny aperçoit toutes les facettes (« ennui », « spleen » ou « opium »). « La chose qui nous effraie le plus, c'est d'être en tête à tête avec notre raison, souligne-t-il. Nous en avons peur. Nous nous grisons toujours » (*Opium*, projet de poème, ms. B. N., 13793).

Mais si, chez Vigny, l'aspect critique prend des accents jansénistes, l'aboutissement de sa réflexion se situe ailleurs. De l'ordre du corps il ne monte qu'à celui de l'âme (« la Flûte »), l'intelligence étant considérée comme « séjour » supérieur de l'homme, sans référence au troisième niveau, seul proprement divin pour Pascal, de la charité. Des dieux de Vigny, l'un, traditionnel, est dénoncé dans son absence au monde qu'il a créé (et L. Séché interprète « le Mont des Oliviers » comme logiquement janséniste), l'autre, « Dieu des idées » — Malebranche revu par Michelet —, est loué, selon l'habituel mimétisme biblique des romantiques, par un gauchissement laïciste des expressions sacrées (Saint-Esprit, Verbe, Colombe...), en tant que « lieu des esprits » et triomphe de l'intelligence humaine. Le messianisme laïque de « la Bouteille à la mer », repris sur le mode personnel par « l'Esprit pur », retentit donc plus des accents de Cousin et de Jouffroy, après ceux de Saint-Simon, qu'il ne chante la perte en Dieu du *Mémorial*. Aussi, face au silence du créateur, Vigny ne conclut-il qu'au silence de l'homme. « Rends-lui silence pour silence », écrit-il en 1862, souvenir du fameux septain dont Ratisbonne, fidèle à son maître, a fait la clausule du « Mont des Oliviers ». Ce n'est pas résignation, mais mépris.

Bouddhisme? (Bonnefoy, 1944.)

Le mutisme de Çakyamuni recèle bien ces trois caractères du désespoir dédaigneux auquel Vigny paraît aboutir : absence de Dieu, abnégation personnelle, pitié sans illusion. Peut-être même s'est-il mis dès 1844 à l'école de Burnouf, apôtre occidental des doctrines hindoues. Il est sûr, en tout cas, que le livre de Barthélemy-Saint-Hilaire sur *Bouddah et sa religion*, qui obtint un si grand succès vers 1860, a trouvé un lecteur très averti chez Vigny, depuis longtemps initié à l'orientalisme par ses amis Bruguière de Sorsum et Pauthier de Censay. N'a-t-il pas lu les *Veda* et les *Bhagavad?* Des notes dispersées le prouvent.

Pourtant, malgré certaines affinités profondes, cette influence reste beaucoup plus limitée que chez des poètes plus jeunes comme

Leconte de Lisle. Seule la strophe du « Silence » s'en ressent directement. Bonnefoy conclut sur ce bouddhisme de Vigny : « Il ne l'approuvera pas, mais il s'en servira, parce que c'est une religion de désespoir. »

Panthéisme? (Emma Sakellaridès, 1902.)

Lecteur de Spinoza dès 1833, Vigny le relit avec plus de sympathie en 1837 et, peut-être sous l'influence de Cousin ou de Heine, l'étudie à fond en 1842-1843. Mais c'est pour le critiquer. « Comme il absorbe l'individualité dans la substance ou la nature naturante ou la Divinité, il met la morale en péril. »

Tout panthéisme, d'ailleurs, lui fait horreur. Le refus de la Nature-Providence n'a d'égal chez lui que le mépris que l'homme peut lui opposer (« la Maison du Berger »). Vigny se situe aussi loin de l'animisme poétique hugolien que des idées de Bazard et surtout d'Enfantin, qualifiés de panthéistes en 1829. A leurs « raisonnements verbeux » (1836), il préfère le dualisme de Buchez en voie de conversion. En 1848, ce sont les communistes, disciples de Cabet à l'époque, qu'il traite de panthéistes (le terme est devenu fortement péjoratif) et qu'il redoute comme antipropriétaires.

Au monde uni, harmonieux et égalitaire des utopistes, Vigny oppose dans *les Destinées* la vision d'un univers coupé, instable et hiérarchisé.

Matérialisme positiviste? (D. O. Evans, 1944-1948.)

Nous connaissons l'époque saint-simonienne de Vigny : 1829-1830. Préparant Polytechnique, foyer de ces idées nouvelles, n'aurait-il pas dès sa jeunesse été en contact avec elles? Outre les préoccupations sociales qu'il commence à partager avec certains poètes de son temps, ce sont les thèmes positifs de l'industrie et du progrès et même l'utopie d'un paradis terrestre qui l'ont d'abord séduit. Témoin ce curieux « Chant d'ouvriers » fleurant Félicien David, que nous livre son *Journal* à la date de 1829, et cette foi en la civilisation coloniale, dont « la Sauvage » est encore le message de 1842. Peut-être goûte-t-il aussi dans le saint-simonisme, apprivoisé par les banquiers, un élément d'ordre et de tradition qui cherche à organiser rationnellement l'avenir sans trop bouleverser les structures sociales. Par la suite, Vigny apprécie de plus en plus la sagesse sereine d'Auguste Comte, et son Éva n'est pas sans rapport avec la Vierge Mère du philosophe. Il lit Strauss, connaît Renan et, l'année de sa mort, prend encore la défense de Littré. P. Flottes a bien montré dans sa thèse jusqu'où va leur influence.

Mais, très vite, le positivisme, dans son évolution parareligieuse (Enfantin) aussi bien que dans son scientisme irréligieux, le heurte. Il accuse en 1840 le saint-simonisme d'avoir donné aux masses le goût de l'oisiveté, aux « capacités » celui de la vanité et aux femmes celui de la liberté. C'est surtout contre l'industrie que ses coups redoublent : « Cœur glacé de l'Amérique, écrit-il dans le *Journal.* L'esprit industriel matérialise la société en réduisant tous les rapports des hommes entre eux à l'utilité » (1835). Sans être le hobereau borné qu'imagine J. Borel ni ce « possédant appelant à l'aide le sabre et le canon » que dépeint une note d'H. Guillemin, Vigny reste au fond gentilhomme campagnard, physiocrate de cœur, pour qui toute richesse vient de la terre. « La terre est sacrée », affirme le maître dans « la Sauvage ». Aux champs de Beauce, à ses vendanges, à sa « montagne », Vigny compare souvent le « charbon noir des villes », les « chemins du vendeur », les « cités serviles » (« la Maison du Berger »). Paris et Londres, fourmilières d'esclaves, ne sont que des courtisanes de l'or. Au « marchand », dont John Bell est la caricature (voir *Chatterton,* acte Ier, scène II), s'opposent le « berger » et le « colon ».

Face à la société utilitaire du second Empire, vouée à l'expansion industrielle, Vigny ne cessera plus d'affirmer à la fois ses traditions terriennes et sa croyance spiritualiste. Seul l'Esprit vivifie et justifie. C'est en disciple de Jouffroy que Vigny choisit le diamant, pierre pure et faisceau de miroirs, pour symbole unificateur de sa pensée : fils de la terre et de la lumière, il traduit par sa transparence l'essentiel désintéressement. Au-delà de la Prose, analyse des choses selon la méthode positiviste, Vigny veut atteindre la Poésie, seule synthèse valable, par l'intuition spiritualiste.

Mysticisme ésotérique? (M. Roche, 1948.)

Enthousiasme (« Dieu et nous ») : c'est un mot que Vigny a aimé écrire[1]. Le « feu sacré de tous les enthousiasmes » ne s'est-il pas « réfugié dans les poètes » (1837)? Sans pourtant faire de Vigny, à la suite de P. Arnold, un tenant de la tradition socratique, ni, comme M. Roche, l'imitateur de certains grands initiés, il faut reconnaître sous sa plume des thèmes et mythes platoniciens (fureur poétique, réalisme des idées, image de la caverne), qu'accompagnent parfois des figures cabalistiques ou alchimiques (« l'or pur doit surnager », affirme « la Bouteille à la mer »). Vigny ne cesse d'opposer la pureté de cet enthousiasme à la froideur et à la fange du monde. Le poète, pour lui, demeure un inspiré, seul à savoir lire la route dans les astres (voir *Chatterton*, acte III, scène VI).

Pourtant aucun des personnages que Vigny met en scène, même ses bergers d'hommes, ne rappelle prophètes illuminés ni médiums pour tables tournantes. Le secret des dieux n'est pas à eux. « L'éternité se voile à notre intelligence » (« Éloa »). C'est donc avec violence que ce rationaliste terrien prend position contre l'occultisme des années 30. « Swedenborg était à demi fou », dit-il. Les « palingénésies », qu'elles soient de Ballanche ou d'Enfantin, ou bien du

1. Comparer le *Journal*, éd. Conard, pages 424, 429, 432, 440, 441, et « la Maison du Berger », vers 141 et 236.

« résurrectionniste progressif » P. Leroux, ne trouvent pas grâce devant lui. Seul Nodier a droit en 1832 à une note bienveillante. En 1863, Vigny éreintera encore la *Séraphita* de Balzac. Méfiance à l'égard de l'obscur et du douteux, des images, des invocations et même des mots. Il écrit au début de *Cinq-Mars* : « Le nom propre n'est rien que la preuve et l'exemple de l'Idée. » Très éloigné ainsi des tentations spiritistes de Hugo, son symbolisme n'a pas davantage de parenté avec les « correspondances » recherchées par Novalis et Baudelaire comme des révélations. Ni mage, ni magique, Vigny reste un classique, artisan à l'écoute de son esprit : ses symboles ne sont que la « parure » jetée par l'imagination sur la pensée. Il y a plus chez lui du pédagogue que du mystique.

« Existentialisme » athée? (P. G. Castex, 1952, 1963.)

Par-delà « l'atticisme » que Vigny définit en 1845 « l'amour de toute beauté » et son humanisme dépassant la déploration par un optimisme rationnel, on peut trouver en Vigny un précurseur. « Comme les existentialistes athées d'aujourd'hui, il nie en général la réalité d'une Providence et souligne les aspects tragiques de la condition terrestre; il cherche, en marge des religions et des systèmes, les valeurs authentiques qui peuvent donner un prix à l'action quotidienne et un sens à la vie; il part d'analyses décourageantes pour parvenir à un optimisme durement conquis » (P. G. Castex). Certes Vigny est, lui aussi, parti à la découverte, en marge des systèmes traditionnels. Mais il ne faut pas oublier que l'existentialisme moderne se définit d'abord comme le refus de tout apriorisme. On trouve et on prouve le sens de son action dans l'action elle-même, créatrice des valeurs. C'est pour cela qu'il n'est plus besoin d'un Dieu — et Sartre se moque du « préjugé créationniste ».

Vigny a-t-il ouvert la voie à ce « pragmatisme moral »? Pour lui, Dieu, caché, muet sans doute, mais réel et responsable de sa création, existe, et non une simple idée de Dieu, épiphénomène ou aliénation. Il l'attaque non comme mythe social, mais en tant qu'être personnel dont les hommes et leur symbole, le Christ, sont victimes. Le byronisme de Vigny est à prendre au sérieux non seulement vers 1820-1825, mais durant toute sa vie. Témoin ce canevas d'un « Jugement de Dieu » que cite le commentaire de P. G. Castex, où le poète imagine le genre humain jugeant un créateur réduit à se justifier. Satanisé, prométhéen, sinon gnostique, Vigny n'a pas réussi à faire sienne la foi des vrais athées. Ses révoltes mêmes le prouvent. « Il s'est voulu prophète d'une religion nouvelle », écrit P. G. Castex. Oui, religion misant sur l'homme, contre son Dieu. Vigny n'est pas non plus existentialiste au sens étroit du terme (« l'existence précède l'essence »). Loin d'imaginer la naissance des valeurs au sein de l'effort individuel, Vigny admet sinon une prédestination absolue, du moins la prédominance d'une nature humaine et de principes universels qui la sollicitent. « Sais-tu bien ta nature? » demande le poète à Éva. Le bien et le mal ne sont ni les « accidents » de la fatalité (« le Mont des Oliviers »), ni l'œuvre, que Pascal lui avait montrée si relative et fragile, d'un jugement personnel ou social. Sans être ces archétypes que Platon voyait préexister aux pensées des hommes, les valeurs suprêmes reconnues par Vigny n'en demeurent pas moins l'essence de toute justification : raison, justice, pitié, fierté, tâche, droit. C'est l'action qui prend son sens en se situant par rapport à elles, et non l'inverse. Voilà ce qu'il appelle au fond « Dieu des idées ». A la fois effort de l'intelligence humaine et verbe universel : force d'une raison en nous.

> La fin superbe et grave est l'humaine science
> Semant et récoltant les fruits de la raison[1].

Sommes-nous revenus à Saint-Simon ou à Renan? Non, à Descartes.

Un stoïcisme cartésien.

Ennemi des synthèses prosaïques (« toutes les synthèses sont de magnifiques sottes », écrivait-il), goûtant fort peu le kantisme, Vigny ressemble à Descartes. Bien que celui-ci se perde « dans l'hypothèse de la véracité de Dieu » (allusion aux *Méditations métaphysiques,* dans le *Journal d'un poète,* 1824), il n'a cessé de l'admirer et le situe, en compagnie de Pascal, Newton et Socrate, parmi les plus grands des analystes (1833). Mais analyser n'est pas disperser. « J'ai dans la tête une ligne droite », affirme le *Journal.* Ce qui compte, c'est l'idée d'enfance réalisée dans l'âge mûr, c'est la route de la recherche persévérante. Persévérance : mot que l'on n'a pas assez prononcé pour Vigny (et pour Descartes). Esprit nullement ondoyant ni divers, Vigny a tenu à suivre une ligne droite dans son analyse de l'homme et du monde. Deux aspects majeurs de la méthode cartésienne caractérisent sa démarche : critique et logique, volontaire et stoïque.

Par opposition aux panthéismes de toutes couleurs, à toute réduction matérialiste ou idéaliste de l'univers, Vigny part toujours, comme Descartes, des visions dualistes : âme-corps; raison-passion; esprit-matière; créateur-création; liberté-déterminisme. Pareil à l'arme du doute qui fait table rase des « préjugés de notre enfance », son pessimisme s'applique méthodiquement aux analyses décidées. Des maximes en rythment la marche : « Les illusions sont le pain des sots »; « Le mal repéré, c'est le mal vaincu. » Certes, l'interrogation *(Pourquoi?)* se fait plus tragique que chez Descartes; mais elle continue son chemin sans renoncer, impitoyablement lucide. Des confiances animent Vigny : foi en la raison, foi en soi aussi. Le sentimental Stello a réussi à plier son être, sans rien renier de ses idéaux *(justice),* à la logique froide du Docteur Noir *(raison).*

1. Strophe non retenue de « la Bouteille à la mer », citée par H. Guillemin.

Et tel est peut-être le dernier mot du poète. Trop sensible, trop fragile — « En cela, Vigny était femme », dit D. Saurat —, c'est à la femme qu'il délègue sa pitié. « C'est à toi qu'il convient d'ouïr les grandes plaintes. » L'homme et sa poésie se doivent d'être durs. Ainsi s'explique, chez ce noble d'éducation mâle, l'agacement qu'il ressent des larmoiements lamartiniens, qui l'ont d'abord touché, sa fureur devant les empiétements des « saint-simoniennes » (P. Rolland) et des « lionnes » (G. Sand), cette perpétuelle mise en accusation du christianisme, qui a « rendu l'homme larmoyant », écrit-il dans son projet sur *Julien l'Apostat*. « Le christianisme est un fruit à la portée de la faiblesse » (*Journal*, 1837). Les symboles de sa poésie se durcissent : perle, diamant, verre, plume de fer, bec d'airain. Il parlait déjà en 1833 de « ce cercle de fer dont j'entourai mon cœur ». Vigny, « solide sur ses pieds », comme Paul de Larisse *(Daphné)*, peut encore dire à la fin de sa vie : « Je reste » (« l'Esprit pur »). Dans un agenda de 1836, on trouve une fierté de même facture :

Je suis invulnérable
Et trois fois dans le Styx on me trempa naissant.
(B. N., n. a. f., 13792.)

Cette permanence à soi dans une recherche éperdue de logique et d'indépendance est bien proche parente du volontarisme cartésien. « Je crois en moi », répète le credo de Stello, seule affirmation que le Docteur Noir ne contredit jamais. Le *Journal* transcrit fièrement : « La puissance de ma volonté est immense. » En cela, le poème le plus caractéristique de Vigny, écrit en pleine crise sentimentale, est sans doute « la Mort du Loup ». Persévérance énergique à la tâche, orgueil intime, mort dédaigneuse : comme le voyageur perdu dans la forêt qu'imaginait Descartes, le poète n'a pas dévié de son chemin.

De cette moralité de 1838 il n'y a que le fatalisme du sort que Vigny, comme Descartes, ait finalement rejeté. Si à Dieu revient la responsabilité du donné (« incomplet »), c'est à l'homme que revient celle du construit (ou du détruit). « La fatalité est une folie inventée par l'esprit de paresse qui domine toujours les hommes. L'homme est libre de faire tout ce qu'il lui plaît, en long et en large », proclamait-il en 1833. Le « Post-Scriptum » des « Oracles » affirmera encore en 1862 que l'action n'est jugée et la liberté régie que par le tribunal du juste, où l'honneur siège à côté de la raison. Nous avons retrouvé le stoïcisme dynamique propre à Descartes (« Le stoïcien est optimiste », notait-il pour *Daphné*). Il n'y a pas là de résignation au sens chrétien de soumission, mais bien une morale de l'honneur, celle que célèbre la conclusion de *Servitude et grandeur militaires*, « pudeur virile », « vertu tout humaine », « conscience exaltée », « respect de soi-même ». « Cornélien mélancolique », maniant également le doute et la volonté, Vigny dépasse le simple atticisme de l'action par la « générosité » (courage et bonté) de sa recherche. P. G. Castex a raison de laisser Sartre et d'évoquer Camus. La satire radicale de *l'Etranger* (Vigny avait pesé le mot en 1836) et l'effort tenace de *la Peste* (Rieux est fils du Docteur Noir) ne reprennent-ils pas cette alternance vitale du négatif et du positif qui constitue la structure profonde et le message du recueil entier?

HARMONIE DU PLAN

Les commentateurs ont cherché à expliquer l'architecture propre au recueil des *Destinées*. Lauvrière distingue quatre étages superposés : pensée religieuse des « Destinées » et du « Mont des Oliviers »; pensée sociale des « Oracles », de « la Sauvage » et de « Wanda »; sentiments personnels exprimés par « la Colère de Samson », « la Mort du Loup » et « la Maison du Berger »; couronnement enfin, serein, de « la Flûte », « la Bouteille à la mer » et « l'Esprit pur ». F. Baldensperger distingue les poèmes du mal métaphysique, ceux du mal social et ceux du pessimisme héroïque. P. Moreau parle d'un double portique, païen, puis chrétien, présentant les visages de la Fatalité et de la Grâce, comparable à la Vision hugolienne, qui sert de seuil à *la Légende des siècles*. Le livre entier se dessine ensuite, dès les premiers vers de « la Maison du Berger », selon les trois directions déjà distinguées : mal social de la lettre des condamnés et de l'amour perdu, mal philosophique de l'âme enchaînée et du monde fatal, enfin route de la Science, de la Pensée et du Progrès. P. G. Castex remarque encore que certains poèmes sont manifestement reliés et que l'ensemble du recueil obéit à une évolution interne qui va des visions accablantes aux accents exaltés. Par contre, R. Ricatte pense que la cohérence du plan actuel n'est pas aussi évidente, que l'ordre a souvent changé en cours de route et que même celui de publication dans *la Revue des Deux Mondes* n'a pas été intégralement respecté. Vigny a certes multiplié les indications sur l'enchaînement de son recueil, mais celles-ci demeurent contradictoires.

Que savons-nous, en effet? V. L. Saulnier a répertorié quatre projets différents qui auraient préfiguré l'ordonnancement des poèmes :

— L'un, de 1843, regroupe cinq « Poèmes philosophiques ». Une note de *la Revue des Deux Mondes*, du 15 juillet 1844, lui attribue « la Maison du Berger » comme prologue. Un épilogue, « Réponse d'Éva », est envisagé; Vigny en écrit les premiers vers en août 1843, sous le titre « l'Age d'or de l'avenir ».

— L'autre, de 1849, rassemble, sous le titre des *Destinées*, quatre autres poèmes, avec en prologue « les Destinées » et en épilogue « la Bouteille à la mer ».

— Ces projets se seraient fondus dans deux nouveaux essais de plan en 1861 et 1862.

Signalons, d'autre part, l'existence, dans le manuscrit de la B. N. (n. a. f. 24984), d'un « Plan général » intitulé *les Destinées, poèmes philosophiques* et daté du 1er avril 1847. Ce texte distingue nettement deux sources d'inspiration au recueil : « Première partie : les Destinées envoyées par la Fatalité. Seconde partie : les Destinées envoyées par la Grâce ».

Le même corps de manuscrits donne un « plan et ordre » du 4 mai 1856, sous l'épigraphe « C'était écrit » et la mention « la Fatalité et la Grâce », avec cette alternance de *poèmes* et de *rêveries* que P. Flottes et V. L. Saulnier signalent encore dans un plan du 4 mai 1862. (Voir aussi H. Guillemin.)

Un prologue, « les Inflexibles », semble dans ce projet de 1856 un autre titre du poème des « Destinées »; « la Maison du Berger » y est indiquée à la deuxième place; l'épilogue, ou septième poème, reste « la Bouteille à la mer ». Ainsi, dès 1856 et même 1849, le mouvement interne du recueil est trouvé : des fatalités inflexibles au message confié à la mer des multitudes et des âges. « Une triple évolution, écrit P. Moreau, du cœur de Stello à l'Esprit pur, de l'individu à l'humanité, du pessimisme à l'optimisme. » V. L. Saulnier précise et nuance : « Parti d'un pessimisme réel qu'éclaire un optimisme de méthode, la pensée de Vigny aboutit à un optimisme réel qu'ombre un pessimisme de méthode. » Mais n'est-ce pas trop confondre vie et œuvre? L'ordre des *Destinées* n'est pas biographique, mais choix de l'Art et de l'Esprit.

Deux thèmes structuraux se partagent les poèmes : pessimisme et optimisme. Habitude d'exposition fréquente chez Vigny que ces jeux de balancement entre deux pôles plus ou moins antinomiques : moi dramatique et moi philosophique du *Journal*, servitude et grandeur militaires, Éloa et Satan, Cinq-Mars et De Thou, affrontement complémentaire du « cœur » et de la « tête », qu'incarnent Stello et le Docteur Noir, dédoublement de personnalité. Cet affrontement se retrouve au sein même des *Destinées*. D'une part, la lucidité du Docteur Noir s'exprime dans ce « désespoir raisonné » dont parlait Vigny et passe au crible de la satire les illusions de l'homme et la réalité; d'autre part, les espérances de Stello se manifestent dans ce triomphe de la Pitié et de l'Esprit, dont le courant sous-jacent va s'amplifiant au cours du recueil. Tout l'ordre des poèmes est fait du contrepoint de ces deux accents : désespoir et confiance, méthodiquement entretenus par volonté persistante de non-illusion et besoin non moins permanent d'espoir, pulsation binaire qui seule permet de vivre. Si l'on distribue les pièces selon leur apport fondamental d'idéaux ou de dénonciations et dans leur suite ordinaire (voir tableau page suivante), on peut remarquer que :

1° L'ordre de publication dans *la Revue des Deux Mondes*, décidé par Vigny, a été respecté à trois exceptions près :

— « la Maison du Berger », déplacée en second prologue, conformément au plan de 1856 (« les Destinées » ouvrant le livre, malgré un plan de 1861 où elles venaient en épilogue : B. N., 29481);

— « la Colère de Samson », surajoutée au centre du recueil entre deux pièces qui se suivaient dans leur première publication de janvier-février 1843 ;

— « les Oracles » et « Wanda », poèmes de dénonciation politique dans les camps opposés de la démocratie et du despotisme, ajoutés au début et à la fin du recueil, comme par souci d'équilibre ;

2° « L'Esprit pur » couronne l'ensemble ainsi que l'écrivain l'a voulu à la fin de sa vie (de place en place ce thème de l'Esprit s'annonçait au cours des poèmes). Il y a donc bien, du pessimisme dénoncé dans « les Destinées » à la confiance affirmée par « l'Esprit pur », un mouvement ascendant général sous-jacent à la structure sinusoïdale qui s'est extérieurement imposée ;

3° Les dates d'écriture des poèmes montrent que cette pulsation n'est pas fondamentalement biographique. Dans l'art d'entremêler

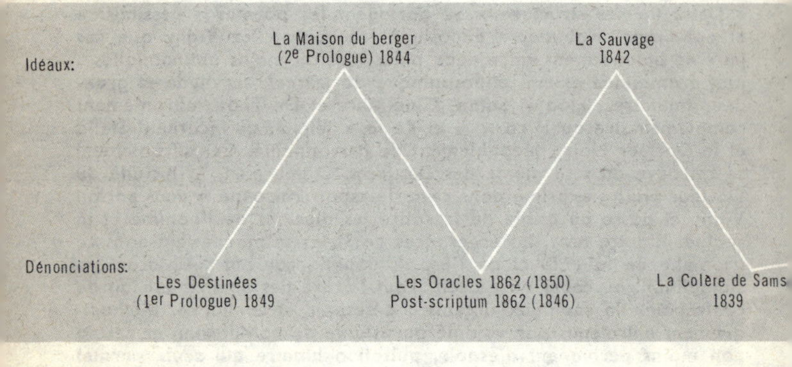

les œuvres, en particulier celles des années amères (1837-1839) et celles des espérances académiques (1842-1845), perce indéniablement une volonté de contrepoint à visée philosophique;

4° Certains poèmes obéissent à un rythme intérieur identique à celui du recueil. C'est surtout le cas de « la Maison du Berger », dont toute la composition reflète le balancement des louanges et des dénonciations dans l'orchestration de ses thèmes. La solitude contemplative à deux, à laquelle elle aboutit, substituée aux vers plus optimistes de la « Réponse d'Éva », que Vigny avait d'abord écrits, annonce par un accent plus triste la retombée sur « les Oracles ». Jeu contraire : le « Post-Scriptum » des « Oracles » remonte vers la confiance de « la Sauvage ». Le mouvement est ainsi lancé par les premiers poèmes, créant le rythme d'alternance propre au recueil entier. La pédagogie s'y fait vivante et véhémente, et « la poésie est à la fois une science et une passion » (*Journal*, 1850).

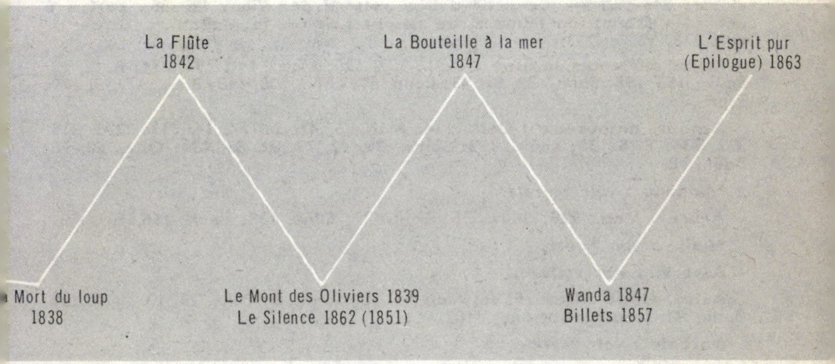

INDEX DES MOTS THÈMES DES *DESTINÉES*

Les mots les plus importants, marqués d'un astérisque dans l'Index, sont suivis d'un astérisque dans le texte des poèmes. Les chiffres renvoient aux numéros des vers.

Abréviations concernant les titres des poèmes.

les Destinées = Dest.
la Maison du Berger = Mais.
les Oracles = Or.
Post-Scriptum = P. S.
la Sauvage = Sauv.
la Colère de Samson = Sams.
la Mort du Loup = Loup
le Mont des Oliviers = Oliv.
la Bouteille à la mer = Bout.
l'Esprit pur = Espr.

Phot. Larousse.

LE MAINE-GIRAUD, DOMAINE D'ALFRED DE VIGNY
À BLANZAC (CHARENTE).

LES DESTINÉES

LES DESTINÉES

Vigny a écrit « les Destinées » dans sa retraite du Maine-Giraud en 1849. Depuis longtemps il méditait sur la notion et les formes du déterminisme. Avant que Ratisbonne ne publie ce testament métaphysique qui rejette nettement l'idée d'un déterminisme absolu étouffant toute liberté et toute valeur humaine, le *Journal* révèle les multiples tentations fatalistes qui ont sollicité Vigny. En 1826, il s'interroge : « D'où vient que, malgré le christianisme, l'idée de la fatalité ne s'est pas perdue? »; il conclut en pessimiste : « La destinée emporte tout à elle seule. Il n'y a pas un lutteur qui résiste. » Des images de l'homme se présentent : marionnette, pantin, nageur ou bateau emporté par le flot... Une « équation cruelle » (P. G. Castex) le hante : « Fatalité et Providence, même chose » (1834). En 1852, désespoir si tentant, des idées semblables reviennent : « La vie est une chaîne d'heures enlacées par la force inconnue du Destin ou de la Providence, de la Fatalité ou de la Prédestination. »

Pourtant, réfléchissant sur la querelle du pélagianisme et de l'augustinisme, il ne prend pas la route d'un jansénisme extrémiste, comme celui de Barcos de Saint-Cyran qui a influencé Pascal; il note avec soulagement, dans son *Journal*, que saint Augustin lui-même « sentait en lui un libre arbitre » (1838) et « refusa d'abolir entièrement la liberté humaine comme le faisaient les Prédestinations » (1843). Non, tout n'est pas écrit. Vigny proclame en 1847 : « L'homme est roi de sa vie et de sa conscience. » Il faut donc interpréter le poème des « Destinées », malgré les multiples allusions au destin et au sort, que l'on trouve jusqu'à « la Mort du Loup » et au-delà, comme une satire de la thèse de la prédestination, et, selon l'assimilation du poète, de tout christianisme résigné. En 1851, Vigny ne concevait-il pas ses écrits comme une suite de « satires poétiques brûlantes »? C'est pourquoi le recueil s'ouvre sur cette peinture sinistre de la condition humaine que Vigny s'efforce et s'efforcera perpétuellement d'exorciser. L'épigraphe coranique *C'était écrit*, que l'auteur voulait voir figurer en tête de son recueil, est la marque de cet exorcisme fondamental. Il n'y a pas ici cet « irrémédiable pessimisme religieux » dont on a trop parlé, et qui, effectivement, sollicite Vigny comme la tentation suprême de la « faiblesse ». Il y a une dénonciation, la première, l'essentielle du recueil, un refus théologique de départ, fragile, tenu par la seule tension de la volonté : un pari. Grâce à lui seulement, l'œuvre sera permise et prendra son sens. Témoignage initial de sa lutte contre lui-même, le poème des « Destinées » annonce en négatif l'essor de « l'Esprit pur » et le prépare. Vigny ne parlait-il pas en 1840 d'une partie d'échecs contre la Destinée qu'il n'aurait cessé de gagner?

« Les Destinées » ont connu au moins trois étapes : plusieurs canevas en prose, dont le plus ancien, de 1847, présente un projet en trois mouvements, assez différent de l'œuvre finale; des esquisses de septains ordinaires; enfin la mise au net définitive en *terza rima* du 27 août 1849.

Seul exemple achevé chez Vigny, cette forme prosodique fut créée par la Renaissance italienne et renouvelée en France par Gautier dans son *Triomphe de Pétrarque* (1836) et dans deux pièces d'*España* (1845).

Vigny a dû connaître la *terza rima* par sa lecture de Dante, traduit en vers en 1829 par son ami Deschamps, ou grâce à Brizeux, autre ami, autre traducteur de *la Divine Comédie*. Gautier écrivait :

Il est des cœurs épris du triste amour du laid : *a* masc.
Tu fus un de ceux-là, peintre à la rude brosse *b* fém.
Que Naples a salué du nom d'Espagnolet. *a* masc.

Rien ne put amollir ton âpreté féroce *b* fém.
Et le splendide azur du ciel italien *c* masc.
N'a laissé nul reflet dans ta peinture atroce. *b* fém.

(« Ribeira », 1845.)

Il y a chez Gautier comme un glissement d'une rime à l'autre. Le tercet attend du tercet suivant sa quatrième rime (*b*), qui arrive, aussitôt suivie de la rime étrangère (*c*), appelant un autre tercet : poétique de fuite, d'incomplétude, de création perpétuelle.

Le schéma ci-dessous en rend compte :

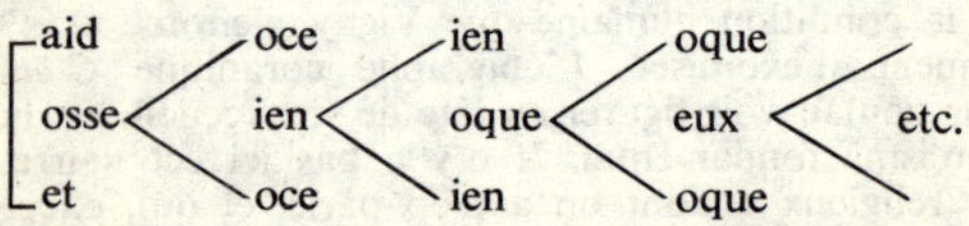

Dans ces « Destinées » de Vigny, la structure est autrement plus complexe. L'alourdissement des accents et, dès les premiers tercets, le poids des nasales, des *a* et des fausses rimes féminines *(ée, ue)* confèrent à l'ensemble une tonalité plus grave, où l'on retrouve les imbrications dantesques et la monotonie des voyelles finales italiennes. S'il y a mouvement, ce n'est plus le glissement baroque de l'eau, mais la chorégraphie classique et lente d'un immense ballet réglé d'avance.

Ne serait-ce pas une structure parfaitement symbolique?

1. Un premier mouvement anime sept tercets, puis s'arrête :

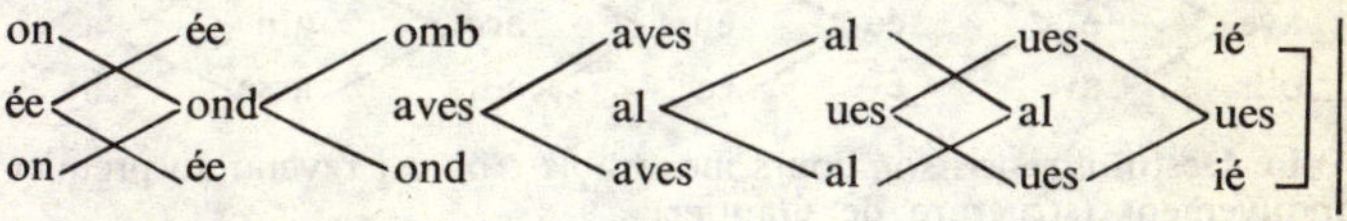

La structure générale est ici identique à celle de Gautier. Le jeu des rimes pousse en avant le poème et pourrait continuer ainsi indéfiniment. On dirait une force implacable qui progresse, identique à elle-même : la Destinée, sans doute.

Pourtant, deux dispositions s'entrecroisent au début et à la fin du mouvement, qui s'immobilise sur deux rimes masculines sans écho.

2. Un second mouvement groupe les cinq tercets suivants, puis s'arrête aussi, sans prolongement :

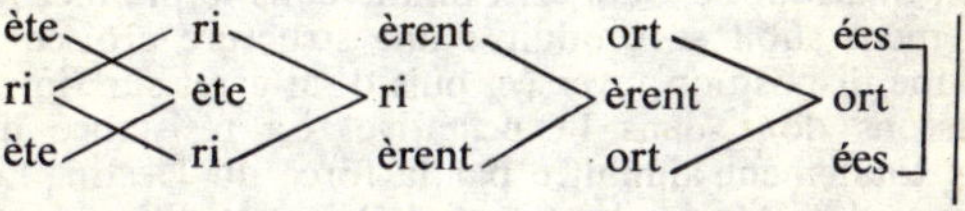

On retrouve ici le même départ, en disposition croisée. Mais, à l'inverse des rimes de Gautier, un ensemble prosodique s'achève sur la rime centrale de chaque tercet, sans appel de rime au tercet suivant. A chaque tercet, donc, le poème pourrait s'arrêter sans incomplétude. Au lieu d'une poussée, d'une ouverture, c'est une fermeture et une retenue. Image même de la résistance de l'homme.

3. Les six tercets suivants participent à un troisième mouvement prosodique :

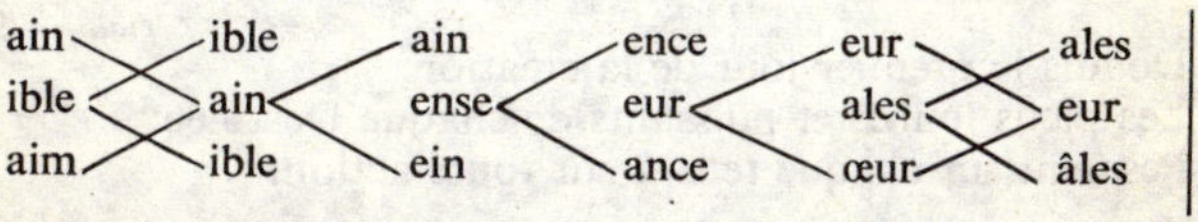

Exact retour du premier mouvement. La force fatale du Destin est revenue et pousse le poème vers l'avant.

4. Quatre tercets et des interrogations suspendent de nouveau cette marche mécanique (structure inverse de celle de Gautier) :

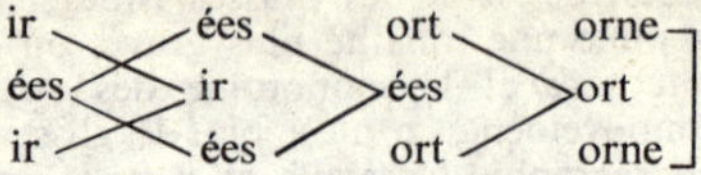

Hésitation et attente. Qui triomphera dans cette lutte inégale?

5. La réponse rythmique arrive dans les sept tercets suivants :

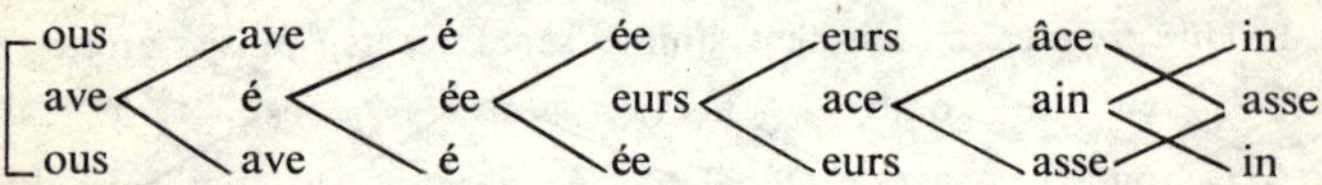

Le Destin a repris son cours inexorable : on est revenu au premier mouvement (structure de Gautier).

6. Le même mouvement reprend de nouveau, presque jusqu'à la fin du poème, figure du ballet imposée presque jusqu'au bout :

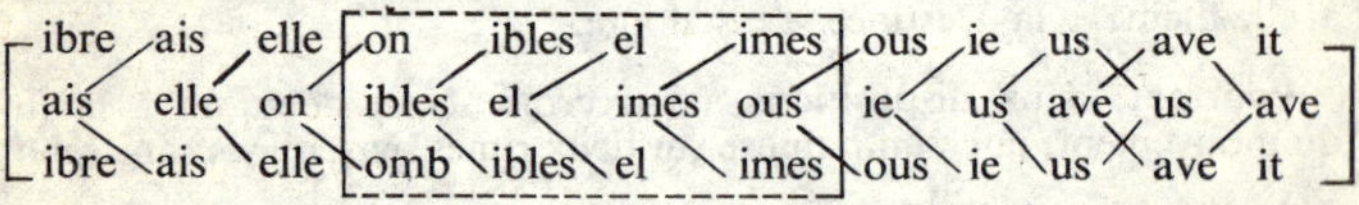

Remarquons que la disposition finale des rimes n'est pas du tout celle d'un quatrain de Gautier. Comme dans le premier mouvement, un revirement subit se produit : une structure croisée s'interpose, suivie d'une disposition inversée, puis d'un arrêt sur rime masculine. Nous restons donc dans l'expectative. La résistance de l'homme n'est pas totalement annihilée par la force du Destin. Les réponses sémantiques données par les Livres d'Orient et d'Occident sont ainsi, en définitive, contredites par la structure formelle qu'il fallait lire aussi. Serait-ce que les Livres mentent?

Tout le poème est bien, en fait, une remise en question des credos. Son ambiguïté symbolique sort avec évidence des contradictions prosodiques sur lesquelles il est construit.

LES DESTINÉES

C'était écrit[1].

Depuis le premier jour de la création,
Les pieds lourds et puissants de chaque Destinée*
Pesaient sur chaque tête et sur toute action.

1. Formule du Coran, souvent citée par Vigny, qui tenait à en faire l'épigraphe des *Destinées* (plan de 1856).

Chaque front se courbait et traçait sa journée[1],
Comme le front d'un bœuf creuse un sillon profond
Sans dépasser la pierre où sa ligne est bornée.

Ces froides déités liaient le joug de plomb
Sur le crâne et les yeux des Hommes leurs esclaves,
Tous errants*, sans étoile, en un désert* sans fond;

Levant avec effort leurs pieds chargés d'entraves,
Suivant le doigt d'airain dans le cercle* fatal,
Le doigt des Volontés inflexibles[2] et graves.

Tristes divinités du monde oriental,
Femmes au voile blanc, immuables statues,
Elles nous écrasaient de leur poids colossal.
Comme un vol de vautours sur le sol abattues,
Dans un ordre éternel, toujours en nombre égal
Aux têtes des mortels sur la terre épandues,

Elles avaient posé leur ongle sans pitié
Sur les cheveux dressés des races éperdues,
Traînant la femme en pleurs et l'homme humilié.

Un soir, il arriva que l'antique planète
Secoua sa poussière[3]. — Il se fit un grand cri :
« Le Sauveur[4] est venu, voici le jeune athlète[5],

---

1. *Journée :* espace de terre labourable en un jour; 2. « Les Inflexibles » : autre titre prévu pour le poème (1856); 3. « Secoue ta poussière! debout! Jérusalem captive! » (Isaïe, LII, 2). La *poussière* est le symbole biblique de la résignation; 4. « Un sauveur vous est né » (Luc, II, 11); 5. Apollon, dans *les Euménides* d'Eschyle, sauvant Oreste des Érinnyes.

QUESTIONS

VERS 1-21. Quels caractères de ces Destinées correspondent : *a*) aux Érinnyes du théâtre grec (Vigny a lu maintes fois *les Euménides* d'Eschyle); *b*) aux statues de pierre hiératiques de l'ancienne Égypte; *c*) aux expressions et symboles bibliques? — Analysez dans les vers 4-9 la métaphore et son développement logique. Quel rôle joue-t-elle dans le poème (voir les vers 31, 64, 66, 110, 111)? — Commentez l'image manuelle et horlogère (v. 11-12) : recherchez ses prolongements. — Étudiez au vers 16 l'image à la fois dynamique et figée : pourquoi l'est-elle? — Montrez comment s'imposent au long du poème deux représentations des Destinées alternées ou confondues : *a*) d'énormes colosses froids, muets et pesants (thème des pieds); *b*) un envol de femmes sévères, voilées, mais chantantes et agissantes (thème des mains).

« Il a le front sanglant et le côté meurtri,
Mais la Fatalité meurt au pied du Prophète :
La Croix monte et s'étend sur nous comme un abri*! »

Avant l'heure où, jadis, ces choses arrivèrent,
Tout homme était courbé, le front pâle et flétri;
Quand ce cri fut jeté, tous ils se relevèrent.

Détachant les nœuds lourds du joug de plomb du Sort*,
Toutes les Nations à la fois s'écrièrent :
« O Seigneur! est-il vrai? Le Destin* est-il mort? »

Et l'on vit remonter vers le ciel, par volées,
Les filles du Destin*, ouvrant* avec effort
Leurs ongles qui pressaient nos races désolées;

Sous leur robe aux longs plis voilant leurs pieds d'airain,
Leur main inexorable et leur face inflexible;
Montant avec lenteur en innombrable essaim,

D'un vol inaperçu, sans ailes[1], insensible,
Comme apparaît au soir, vers l'horizon lointain,
D'un nuage orageux l'ascension paisible.

— Un soupir de bonheur sortit du cœur* humain.
La Terre frissonna dans son orbite immense,
Comme un cheval frémit délivré de son frein.

Tous les astres émus restèrent en silence*,
Attendant avec l'Homme, en la même stupeur,
Le suprême décret de la Toute-Puissance,

1. « Ces femmes-ci n'ont point d'ailes » (*les Euménides*, V, 51).

QUESTIONS

● VERS 22-42. Dans les vers 22-27, le vocabulaire mélange peu à peu des termes rappelant l'antiquité païenne à des mots et formules d'origine biblique : montrez-le. Cette mutation de vocabulaire ne continue-t-elle pas dans les vers 28-33? Que signifie-t-elle? — La lourdeur du vers 31 : à quoi est-elle due? Quel sens a-t-elle, comparée aux vers suivants? — Analysez le rythme des vers 34-42, fusion d'un mouvement ascensionnel et d'une immobilité parfaite. — Dans les vers 38-40, expliquez la valeur des adjectifs composés avec le préfixe *in* privatif.

Quand ces filles du Ciel, retournant au Seigneur,
Comme ayant retrouvé leurs régions natales,
Autour de Jéhovah se rangèrent en chœur,

D'un mouvement pareil levant leurs mains fatales,
Puis chantant d'une voix[1] leur hymne de douleur,
Et baissant à la fois leurs fronts calmes et pâles :

« Nous venons demander la Loi de l'avenir.
Nous sommes, ô Seigneur, les froides Destinées*
Dont l'antique pouvoir ne devait point faillir.

« Nous roulions sous nos doigts les jours et les années[2].
Devons-nous vivre encore ou devons-nous finir,
Des Puissances du ciel, nous, les fortes aînées?

« Vous détruisez d'un coup le grand piège du Sort*
Où tombaient tour à tour les races consternées.
Faut-il combler la fosse et briser le ressort?

« Ne mènerons-nous plus ce troupeau faible et morne,
Ces hommes d'un moment, ces condamnés à mort[3],
Jusqu'au bout du chemin dont nous posions la borne?

« Le moule de la vie était creusé par nous.
Toutes les Passions y répandaient leur lave,
Et les événements venaient s'y fondre tous.

« Sur les tables d'airain où notre loi se grave,
Vous effacez le nom de la FATALITÉ,
Vous déliez les pieds de l'Homme notre esclave.

---

1. D'une seule voix, à l'unisson; 2. L'image des Parques filant la vie et la mort semble se dessiner à l'arrière-plan; 3. Thème pascalien : « Je sens sur ma tête le poids d'une condamnation que je subis toujours, ô Seigneur, mais, ignorant la faute et le procès, je subis ma prison » (*Journal*, 1832).

QUESTIONS

● VERS 43-75. Les noms à majuscules sont particulièrement nombreux dans ce poème : quelle valeur l'auteur leur confère-t-il d'après ce passage? — Montrez qu'il y a dans les vers 64-66 la reprise de l'image des vers 4-9. Expliquez dans les vers 61-63 et 67-69 l'évolution de la métaphore : l'image du piège, précisée par *fosse* et *ressort*, se change en moule, où les vies humaines se fondent; mais ce moule ne reste-t-il pas un piège?

« Qui va porter le poids dont s'est épouvanté
Tout ce qui fut créé? ce poids sur la pensée*,
Dont le nom est en bas[1] : RESPONSABILITÉ? »

Il se fit un silence*, et la Terre affaissée
S'arrêta comme fait la barque sans rameurs
Sur les flots* orageux dans la nuit balancée.

Une voix descendit, venant de ces hauteurs
Où s'engendrent sans fin les mondes dans l'espace;
Cette voix de la Terre emplit les profondeurs :

« Retournez en mon nom, Reines, je suis la Grâce*[2].
L'Homme sera toujours un nageur incertain
Dans les ondes* du temps qui se mesure et passe.

« Vous toucherez son front, ô filles du Destin*!
Son bras ouvrira* l'eau*, qu'elle soit haute ou basse,
Voulant trouver sa place et deviner sa fin.

« Il sera plus heureux, se croyant maître et libre*,
En luttant contre vous dans un combat mauvais
Où moi seule, d'en haut, je tiendrai l'équilibre.

« De moi naîtra son souffle et sa force à jamais.
Son mérite est le mien[3], sa loi perpétuelle :
Faire ce que je veux pour venir où JE SAIS. »

Et le chœur descendit vers sa proie éternelle
Afin d'y ressaisir sa domination
Sur la race timide, incomplète et rebelle.

1. Ici-bas. A opposer au vers 90 : *d'en haut ;* 2. Il s'agit de la Grâce que les théologiens appellent « seule efficace », c'est-à-dire décidant seule du salut des hommes. Voir les vers 90 *(moi seule)* et 92; 3. Thème janséniste, hérité de saint Paul, que cette idée du mérite n'appartenant qu'à Dieu. Vigny veut refuser cette théologie qui condamne l'homme.

QUESTIONS

● VERS 76-93. Une nouvelle métaphore commence (vers 77-78) par cette barque abandonnée : où sont les rameurs dans la tempête? Montrez que la comparaison se continue du vers 83 au vers 86. — Comparez le vers 93 au vers 130 du « Mont des Oliviers » (page 120) : Vigny n'identifie-t-il pas prescience et prédestination?

On entendit venir la sombre Légion
Et retomber les pieds des femmes inflexibles,
Comme sur nos caveaux tombe un cercueil de plomb.

Chacune prit chaque homme en ses mains invisibles.
— Mais, plus forte à présent, dans ce sombre duel,
Notre âme* en deuil combat ces Esprits* impassibles.

Nous soulevons parfois leur doigt faux[1] et cruel.
La Volonté transporte à des hauteurs sublimes
Notre front éclairé par un rayon du ciel.

Cependant sur nos caps, sur nos rocs, sur nos cimes,
Leur doigt rude et fatal se pose devant nous,
Et, d'un coup, nous renverse au fond des noirs abîmes.

Oh! dans quel désespoir nous sommes encor tous!
Vous avez élargi le COLLIER* qui nous lie,
Mais qui donc tient la chaîne[2]? — Ah! Dieu Juste[3], est-ce
[vous?

---

1. Allusion au mensonge de la Providence, qui n'est qu'un déguisement de la Fatalité; 2. « Dieu tient en main la chaîne et n'est point enchaîné » (Voltaire, *Poème sur le désastre de Lisbonne*, vers 75); 3. Dieu qu'on appelle Juste. Vigny repose l'interrogation de saint Paul (« Dieu serait-il injuste? », Épître aux Romains, IX, 14), en garde la logique (« Il fait miséricorde à qui il veut et endurcit qui il veut », IX, 18), mais, comme Zadig, continue de discuter.

QUESTIONS

● VERS 94-100. Premier mouvement : montrez que ces vers reprennent les termes, les effets et les images des vers 1-21. Comparez, par exemple, le vers 100 aux vers 2-3. — Analysez le rythme redevenu lent et lourd : quelles sonorités y contribuent?

● VERS 101-105. Deuxième mouvement : analysez les ruptures de rythme. (Vers 101-102 : rapidité, nombreux accents qui traduisent la lutte. — Vers 103 : lenteur et pesanteur, mais effort et espoir. — Vers 104-105 : rapidité, jaillissement; peu d'accents, enjambement, choix de mots triomphants.)

● VERS 106-108. Troisième mouvement : retombée sur un accablement martelé, multiplication des monosyllabes; placez les accents. Quelle impression en résulte? — Comparez les vers 103 et 107, les vers 105 et 108 : que veut peindre l'auteur par ces changements de rythme, d'images et de luminosité?

Arbitre libre* et fier des actes de sa vie,
Si notre cœur* s'entr'ouvre* au parfum des vertus,
S'il s'embrase à l'amour, s'il s'élève au génie,

Que l'ombre des Destins*, Seigneur, n'oppose plus
A nos belles ardeurs une immuable entrave,
A nos efforts sans fin des coups inattendus!

O sujet d'épouvante à troubler le plus brave!
Question sans réponse où vos Saints se sont tus!
O Mystère! ô tourment de l'âme* forte et grave!

Notre mot éternel est-il : C'ÉTAIT ÉCRIT?
SUR LE LIVRE DE DIEU, dit l'Orient esclave;
Et l'Occident répond : SUR LE LIVRE DU CHRIST.

Écrit au Maine-Giraud (Charente), 27 août 1849.

QUESTIONS

● VERS 109-123. Le ton de cette dernière partie : est-ce un cri de révolte? une prière? Comment le poète conserve-t-il sa dignité tout en envisageant avec lucidité le tragique de la condition humaine? — Fatalisme, prédestination, libre arbitre : que deviennent ces problèmes théologiques pour le poète penseur?

■ SUR L'ENSEMBLE DES « DESTINÉES ». — Léon Séché conclut ainsi son commentaire des *Destinées :* « Si ce n'est pas là du jansénisme, je n'y comprends plus rien. » A-t-il raison?

— Tout ce poème est structuré selon une véritable chorégraphie dramatique; les Destinées suivent les figures parfaitement réglées d'un corps de ballet : quels sont les lents mouvements qu'elles dessinent au cours de l'œuvre?

— Par quels procédés est rendue l'impression d'ensemble? Analysez l'uniformité des images (« chaque » Destinée est singulière, mais elles sont « toutes » semblables), l'usage des pluriels et des collectifs, l'emploi des majuscules, la répétition unifiante des mots *tous*, *toujours*, *égal*, *même*, *pareil*, *à la fois*, etc., le choix des termes de groupe : *vol*, *volées*, *essaim*, *chœur*, *hymne*, etc.

LA MAISON DU BERGER

La genèse de « la Maison du Berger », **publiée en juillet 1844 dans *la Revue des Deux Mondes,*** est extrêmement difficile à suivre. V. L. Saulnier s'est efforcé d'en restituer les étapes. Il distingue d'abord une méditation sur l'isolement, qui trouve dans « la Prison » (1821), puis dans « le Déluge » (1823) son expression littéraire. Certaines paroles du Masque de fer annoncent en effet le poème de 1844, ne serait-ce que ces « cabanes prochaines », où les vierges se réfugient, ou bien ce désir manifesté d'une fuite à deux sur les montagnes :

J'ai mes droits à l'amour et ma part au soleil. [...]
Que je serai content si, près de ma compagne,
Je puis errer longtemps de montagne en montagne
(« la Prison »).

Si cette confiance en une nature-refuge, imaginée alors dans le cadre pyrénéen, ne dure pas, l'image de la cabane, elle, va se préciser. Chateaubriand ne lui avait-il pas donné ses lettres de noblesse dans *les Martyrs* (I, 10)? Marie Dorval, dont Vigny fait la connaissance en 1830, disposait d'une sorte de roulotte d'actrice qui lui servait pour certaines tournées. Ne rêvait-elle pas d'une vraie maison de berger plus pittoresque? « Ma petite charrette roulante me déplaît moins, parce qu'elle a été visitée par toi. [...] Je cherche une petite maison de berger et je n'en vois pas » (lettre à Vigny, juin 1836). Ainsi le thème premier du poème paraît trouvé bien avant la rupture de 1838. L'image de la hutte mobile est intimement liée à celle de l'actrice. De même, jusqu'en 1838, toutes les notes du *Journal* marquées « Éva » se réfèrent à Marie Dorval : « J'ai éprouvé une étrange chose, écrit le poète, c'était le besoin de la servir et de la protéger, de la vanter et de lui faire rendre hommage, dès que j'avais à me plaindre d'elle. » « Elle a pris toute mon âme pendant sept années » (1838). Comment croire qu'elle soit absente du poème élaboré de 1838 à 1843?

Malgré les lettres de Vigny et celle que Busoni, ami de Vigny et boîte aux lettres en 1848 de sa liaison avec Triphina Holmès, adressera à Deschamps, il ne semble pas prouvé définitivement que l'Éva de « la Maison du Berger » soit seulement Mme Holmès. Certes, bien des détails peuvent s'appliquer à Mme Holmès. Irlandaise voyageuse, « fille de l'Océan » évoquée par « les Oracles », mariée à seize ans à un homme de trente, elle a tenu à « cacher » son adultère (sa fille Augusta fut peut-être en 1847 le fruit de cette « divine faute »), souffrant de sa condition et contrainte à mentir. Si l'on tente d'unifier les allusions de Vigny, il est certain qu'Éva a dû changer de modèle en quelques mois. Mais il est non moins certain que les mêmes détails conviennent toujours à Marie Dorval, perpétuelle voyageuse (ses déplacements d'actrice ont souvent blessé Vigny), faisant avec son M. Merle, « mort ranimé », un couple impossible, contraint à la comédie : « Éva me désespère, note l'écrivain en 1838. Elle se croit obligée, dès qu'il entre, de prendre un air insouciant, léger, sans façon, de parler des amours connus et trop publics comme de méprisables intrigues. Elle veut ainsi rassurer son mari. »

D'ailleurs, la troisième strophe ne paraît-elle pas s'adresser aussi à une actrice, profanée par les regards du public? — Mais, marquée à l'épaule et rejetée par le monde pour une faute « divine », n'est-ce pas plutôt Marie d'Agoult, ancienne amie de Vigny, qu'il retrouve en 1840 après sa rupture avec Liszt? La jeune Genevoise Camilla Maunoir, cousine de Lydia, avec laquelle il échange bien des confidences à Londres en 1839, est également contemporaine du poème, et la montagne est son royaume. On cite encore d'autres « voyageuses » et « filles de l'Océan » : la petite Maria, ou plutôt son indolente sœur Julia Battlegang, avec laquelle Vigny se lie en 1838 et échangera une correspondance intercontinentale jusqu'à la fin de sa vie. Il y a aussi cette mystérieuse Anna : le poète aurait eu avec elle, à partir de 1843, de « longues conversations crépusculaires ». N'oublions pas non plus la créole Lydia, à qui s'appliquent le mieux les expressions « compagne délicate » et « enfant », ni la « pâle » Delphine au « beau front », pour laquelle Vigny composera encore un sonnet en 1848.

Il semble donc prudent de revenir à la conclusion de P. Moreau. Éva, symbole de la femme dans sa diversité et son unité, rassemble les traits majeurs des femmes aimées par le poète. Peut-être, dans son aspect critique, le portrait évoque-t-il davantage Marie Dorval alors que ses traits positifs s'inspireraient plutôt de Triphina Holmès; mais un manuscrit de Vigny l'appelle : « Femme qui n'est pas née et ne mourra jamais. » D'ailleurs, comme le remarque L. Dorison, Éva ne représente-t-elle pas aussi le côté féminin du poète, à qui elle servirait de « synthèse inconsciente où sa poésie se mire et s'admire »?

A ce thème féminin central, Vigny a rattaché, de 1840 à 1843, d'autres préoccupations contemporaines : satire des politiciens, refus de la nature, défense de la grande poésie face au succès des Béranger et autres goguettiers, méditation sur les inventions modernes, etc. Le début de l'œuvre (1838) voit plusieurs états se succéder; la fin de même. 28 strophes sont rédigées en mars 1842. Celles sur le chemin de fer suivent en juin, et le titre est adopté en juillet. Une lettre à Éva, conçue comme la première d'une série de cinq, est esquissée le 8 novembre (« les Sept Douleurs »). L'année 1843 verra la fusion de ces morceaux divers et l'achèvement du poème, revu à nouveau avant la publication. Résultat composite, est-ce une œuvre mal composée?

Structure du poème.

P. Moreau écrit : « De l'ombrageuse indépendance aux tâches sociales et communes oscille le génie romantique; et cette oscillation se traduit dans le mouvement et le plan même de « la Maison du Berger » [...]. Fuyons, dit ce poème, l'humanité toute livrée à l'industrie, à la politique — allons à la nature..., non : fuyons la nature insensible, revenons à l'humanité qui souffre. A travers ses strophes larges et massives passe et repasse la marche hésitante du poète qui échappe à l'homme pour se retirer dans la nature, qui échappe à la nature pour se retrouver en face de l'homme. »

Une thématique binaire, combinée à une structure dramatique, pulsive et répulsive, en trois étapes, semble en effet présider au poème. Deux thèmes, presque antithétiques, commandent d'abord la dialectique des strophes. Nommons-les : **Refuge** et **Voyage.**

A l'opposé des images de boue et de charbon qui le hantent, Vigny exprime fréquemment un désir latent de refuges : étoiles, alcôves et maisons tièdes, cabanes et nids. Fréquents, les vœux d'abri, d'asile, de cercle (non fatal) :

> La croix monte et s'étend sur nous comme un abri
> (« les Destinées »).
>
> Les grands bois et les champs sont de vastes asiles
> (« la Maison du Berger »).

Il s'agit de fuir la ville dans une solitude protégée. Thème féminisé : arbres (le saule en particulier), fleurs, fruits, eau, cygnes ne sont-ils pas, selon G. Bachelard, des substituts de la femme? Tout y est caresse et repos.

En même temps, pour que ces « maisons » rêvées ne deviennent pas autant de « prisons » closes, Vigny rêve au voyage, à la marche, sauvegarde de la liberté. On a justement souligné la présence fréquente dans son œuvre des termes « mobile », « errant », « nomade », « voyageur », « voyageuse » et des verbes de mouvement. Vieil héritage du XVIIIe siècle rousseauiste ou de la littérature d'émigration, il est certain, en tout cas, que chez Vigny ce thème reste intimement lié à la notion de liberté et à celle d'ouverture aux autres. La poésie, étant synthèse, rassemble et unit Refuge et Voyage. Ainsi s'expliquent les deux majuscules de « la *M*aison (sauvegarde de soi) du *B*erger » (sans restriction à soi) : refuge voyageur, point de rencontre de l'Esprit et du monde.

> Viens, du paisible seuil de la maison roulante,
> Voir ceux qui sont passés et ceux qui passeront.

Une **double vision du temps** accompagne le poème selon la même dialectique :

— D'une part, aspiration au calme, éternisation de l'idéal, bonheur immobile dans la protection du refuge. « La montagne est ton temple. » Le rythme se fait lent et paisible. Harmonie des sons et des couleurs;

— D'autre part, précipitation des voyages et de la vie moderne. Agitation de la fourmilière humaine, luttes et vains triomphes. Le rythme des strophes devient rapide. Sons et couleurs se heurtent.

Trois appels vont s'efforcer, à l'exemple du titre, d'unifier ce dualisme fondamental, et tel sera le sens du poème, dont le premier titre fut « le Départ » :

— Un appel initial claironnant donne l'ordre, les ordres : « Pars... laisse... vois... marche » (vers 22, 24, 28), « Viens » (vers 47). Élan optimiste, plein de cette joie qui va naître de l'évocation de l'amour possible et de son refuge. Le refus du monde industriel, de la poésie mercenaire et de la politique peut venir, suivi de la louange du Diamant, de la Paix et de l'Esprit, double évocation antinomique (I et II);

— Puis l'élan semble brisé. Il semble qu'aucune réponse ne soit parvenue au poète; Éva hésite : « Qui donc es-tu? » Le second appel, plus pressant et plus humble, se fait prière : « Viens donc! » (vers 267). Promesses au futur et insistances : « Ne me laisse jamais! » (vers 279). Suit ce refus de la solitude totale qui demeure au fond des dénonciations de la nature;

— Le dernier appel, à la fois triste et assagi, accompagne à la fin cette marche du couple, rêve de marche d'un couple rêvé, que l'Esprit, malgré la mort omniprésente, rend proche des hommes : « Ne veux-tu pas? [...] Viens... voir... » (vers 323 et 325-326).

Malgré la tristesse de ce final, due symboliquement à cette diaphragmation sur un couple devant le désert humain, due biographiquement à une réponse qui, en dehors de celle, toute verbale, de Marie d'Agoult, n'a jamais atteint le Maine-Giraud, il reste des « Réponses d'Éva », que Vigny voulait généreuses, une certaine sagesse de témoin, ouverte à tous les « tableaux » qui vont maintenant se présenter.

LA MAISON DU BERGER

LETTRE À ÉVA

I

Si ton cœur*, gémissant du poids de notre vie,
Se traîne et se débat comme un aigle blessé[1],
Portant comme le mien, sur son aile asservie,

---

1. Ce symbole de l'aigle blessé revient souvent chez Vigny : voir chant III d'*Eloa*, vers 136-152.

Tout un monde fatal, écrasant et glacé;
S'il ne bat qu'en saignant par sa plaie immortelle,
S'il ne voit plus l'amour, son étoile fidèle,
Éclairer pour lui seul l'horizon effacé;

Si ton âme* enchaînée, ainsi que l'est mon âme*,
Lasse de son boulet et de son pain amer,
Sur sa galère en deuil laisse tomber la rame,
Penche sa tête pâle et pleure sur la mer*,
Et cherchant dans les flots* une route inconnue,
Y voit, en frissonnant, sur son épaule nue,
La lettre sociale écrite avec le fer[1];

Si ton corps, frémissant des passions secrètes,
S'indigne des regards*, timide et palpitant;
S'il cherche à sa beauté de profondes retraites*
Pour la mieux dérober au profane insultant[2];
Si ta lèvre se sèche au poison des mensonges,
Si ton beau front rougit de passer dans les songes
D'un impur* inconnu qui te voit et t'entend,

1. La marque des forçats : thème romantique (voir *la Duchesse de Langeais*, *Ferragus*, Vautrin, Jean Valjean). Adressé à une femme, ce vers semble évoquer la réprobation dans laquelle est tenue Marie d'Agoult depuis sa liaison avec Liszt; 2. Est-ce allusion à la jeune Mme Holmès, liée à un mari qu'elle n'aima pas? Il semble plus juste de voir dans *profane* (vers 18) et *inconnu* (vers 20) le public anonyme auquel l'actrice Marie Dorval est livrée.

QUESTIONS

● VERS 1-28. La structure syntaxique : faites l'analyse logique de ces quatre premiers septains. — La structure musicale : montrez que dans les trois premières strophes le mouvement ascendant correspond à un crescendo d'émotion de plus en plus réaliste. — Le rythme : dans les trois premières strophes, le premier accent de chaque vers tombe en dominante sur la 3e syllabe. Qu'en est-il dans la 4e strophe (vers 22-28)? Pourquoi a-t-on l'impression d'une inversion du rythme? Quel mot porte la cassure? — La structure thématique : analysez, d'après les métaphores qui les entourent, les trois notions de *cœur*, d'*âme* et de *corps*. — Les images : le lien entre les symboles et la pensée est-il ici fondé sur des analogies visuelles, comme chez Hugo, ou sur une identité d'impression affective? — Les trois élans successifs des vers 1-21 égrènent des conditions. Que préférez-vous y voir : une sélection progressive de l'Éva idéale? l'épuration d'une Éva choisie, par l'exorcisme de ses souillures? l'évocation de la marche lente et difficile, de plus en plus douloureuse, qui va séparer Éva du monde, dont le poète espère la sauver? — Au sommet de ces élans conditionnels, un arrêt brutal de juxtapositions impératives vient s'opposer (vers 22) : que signifie-t-il? — Vers 24-25 et 26-28 : l'opposition des termes, des allitérations et des rythmes entre ces deux groupes de vers traduit l'opposition des thèmes; montrez-le.

Pars courageusement, laisse toutes les villes;
Ne ternis plus tes pieds aux poudres du chemin;
Du haut de nos pensers* vois les cités serviles
Comme les rocs fatals de l'esclavage humain[1].
Les grands bois et les champs sont de vastes asiles*,
Libres* comme la mer* autour des sombres îles.
Marche à travers les champs une fleur à la main.

La Nature t'attend dans un silence* austère;
L'herbe élève à tes pieds son nuage des soirs,
Et le soupir d'adieu du soleil à la terre
Balance les beaux lys comme des encensoirs.
La forêt a voilé ses colonnes profondes,
La montagne se cache*, et sur les pâles ondes*
Le saule a suspendu ses chastes* reposoirs.

Le crépuscule ami s'endort dans la vallée,
Sur l'herbe d'émeraude et sur l'or du gazon,
Sous les timides joncs de la source isolée
Et sous le bois rêveur qui tremble à l'horizon,
Se balance en fuyant dans les grappes sauvages,
Jette son manteau gris sur le bord des rivages[2],
Et des fleurs de la nuit entr'ouvre* la prison.

Il est sur ma montagne une épaisse bruyère
Où les pas du chasseur ont peine à se plonger,

---

1. Le souvenir de Prométhée lié à son rocher hante ce genre d'images sans se préciser. Dans le poème précédent, les Destinées n'étaient-elles pas comparées à un vol de vautours? 2. Réminiscence de Milton : « Le soir paisible vint, et le gris crépuscule, de sa sobre livrée, revêtit toutes choses » (*le Paradis perdu*, IV).

QUESTIONS

● VERS 29-35. La beauté picturale et musicale de ce septain : quels en sont les secrets? — Quels mots donnent à cette strophe sa quiétude religieuse et son intimité? — Comparez les verbes et les adjectifs de ces vers et ceux des vers 15-21 : correspondances et oppositions.

● VERS 36-42. Le crépuscule, si souvent tragique chez Vigny, s'humanise ici et s'idéalise : comment? — Comparez cette strophe à la nuit de « la Colère de Samson » (vers 1-10) et au crépuscule de « la Mort du Loup » (vers 1-16) et du « Mont des Oliviers » (vers 1-34). — Étude des sons et des rimes : comparez à ce texte le poème des *Fleurs du mal*, « Harmonie du soir ». — Les images : montrez que, du vers 29 au vers 42, il ne s'agit que de variations sur un même thème. Le changement de certains termes (*forêt* repris par *bois*, *ondes* par *source*, *beaux lys* par *fleurs de la nuit*, etc.) ne traduit-il pas l'acheminement vers un cadre plus intime?

Qui plus haut que nos fronts lève sa tête altière,
Et garde dans la nuit le pâtre et l'étranger.
Viens y cacher* l'amour et ta divine faute;
Si l'herbe est agitée ou n'est pas assez haute,
J'y roulerai pour toi la Maison du Berger.

Elle va doucement avec ses quatre roues,
Son toit n'est pas plus haut que ton front et tes yeux;
La couleur du corail et celle de tes joues[1]
Teignent le char nocturne et ses muets* essieux.
Le seuil est parfumé, l'alcôve est large et sombre,
Et, là, parmi les fleurs, nous trouverons dans l'ombre,
Pour nos cheveux unis, un lit silencieux*.

Je verrai, si tu veux, les pays de la neige,
Ceux où l'astre amoureux dévore et resplendit,
Ceux que heurtent les vents, ceux que la mer* assiège,
Ceux où le pôle obscur sous sa glace est maudit.
Nous suivrons du hasard la course vagabonde*.
Que m'importe le jour, que m'importe le monde?
Je dirai qu'ils sont beaux quand tes yeux l'auront dit.

Que Dieu guide à son but la vapeur foudroyante
Sur le fer des chemins qui traversent les monts,
Qu'un Ange soit debout sur sa forge bruyante,
Quand elle va sous terre ou fait trembler les ponts
Et, de ses dents de feu dévorant ses chaudières,
Transperce les cités et saute les rivières,
Plus vite que le cerf dans l'ardeur de ses bonds!

---

1. Cette couleur rouge vient-elle de la « roulotte » de Marie Dorval? On sait que le salon de Vigny était tendu de rouge. Il s'y mêle un souvenir du Cantique des cantiques : « Tes joues sont des moitiés de grenade » (IV, 3 et VI, 7).

QUESTIONS

● VERS 43-63. Comparez les vers 39, 43, 44 aux vers 3, 4 et 5 de « la Mort du Loup » : c'est le même paysage. Quels sont ses caractères? Les différences entre les deux textes. — Que pensez-vous de l'alliance des termes *divine faute* au vers 47? — Analysez les sonorités et les rythmes des vers 54-56. Montrez qu'il y a dans les vers 57-61 une stylisation des quatre points cardinaux. En quoi le vers 63, comme le vers 49, est-il essentiel pour la compréhension du mouvement des vers 29-63? — La Nature attend Éva et n'a de vraie beauté que si Éva la regarde; elle se féminise à son image et, comme dans le Cantique des cantiques, devient médiatrice de la volupté : montrez-le.

Oui, si l'Ange aux yeux bleus ne veille sur sa route,
Et le glaive à la main ne plane et la défend,
S'il n'a compté les coups du levier, s'il n'écoute
Chaque tour de la roue en son cours triomphant,
S'il n'a l'œil sur les eaux et la main sur la braise,
Pour jeter en éclats la magique fournaise,
Il suffira toujours du caillou d'un enfant[1].

Sur ce taureau de fer qui fume, souffle et beugle,
L'homme a monté trop tôt. Nul ne connaît encor
Quels orages en lui porte ce rude aveugle,
Et le gai voyageur* lui livre son trésor;
Son vieux père et ses fils, il les jette en otage
Dans le ventre brûlant du taureau de Carthage[2],
Qui les rejette en cendre aux pieds du Dieu de l'or.

Mais il faut triompher du temps et de l'espace,
Arriver ou mourir. Les marchands sont jaloux[3],
L'or pleut sous les charbons de la vapeur qui passe,
Le moment et le but sont l'univers pour nous.
Tous se sont dit : « Allons! » — mais aucun n'est le maître
Du dragon mugissant qu'un savant a fait naître[4];
Nous nous sommes joués à plus fort que nous tous.

Eh bien! que tout circule et que les grandes causes
Sur les ailes de feu lancent les actions,
Pourvu qu'ouverts* toujours aux généreuses choses,
Les chemins du vendeur servent les passions!

---

1. Hantise de l'accident : Vigny et sa femme étaient allés voir les restes du déraillement de Versailles (57 morts), où avaient péri leurs amis Mme de Balby et l'amiral Dumont d'Urville (8 mai 1842). Le procès qui en résulta fut passionnément suivi; **2.** Ce taureau évoque à la fois Moloch, le Baal biblique, dieu de l'Or, et le taureau du tyran Phalaris, idole d'Agrigente adoptée par Carthage. C'était une statue de bronze dans le ventre de laquelle on brûlait des enfants en holocauste à Saturne (voir Flaubert, *Salammbô*); **3.** *Jaloux :* attaché à ses intérêts; **4.** Stephenson, inventeur de la locomotive (1814), avait construit le premier train (1829). La première ligne de voyageurs avait été installée en France en 1832 (de Lyon à Saint-Etienne).

QUESTIONS

● VERS 64-84. Comparez cette évocation de la locomotive à celle que Hugo fera dans « le Satyre », vers 595-610 (*la Légende des siècles*, 1859). — Relevez les réminiscences bibliques et les expressions modernes. Que pensez-vous de ce nouveau lyrisme? Vigny réussit-il à créer ainsi une poésie de la machine?

Béni soit le Commerce au hardi caducée[1],
Si l'Amour que tourmente une sombre pensée*
Peut franchir en un jour deux grandes nations!

Mais, à moins qu'un ami menacé dans sa vie
Ne jette, en appelant, le cri du désespoir,
Ou qu'avec son clairon la France nous convie
Aux fêtes du combat, aux luttes du savoir;
A moins qu'au lit de mort une mère éplorée
Ne veuille encor poser sur sa race adorée
Ces yeux tristes et doux qu'on ne doit plus revoir[2],

Évitons ces chemins. — Leur voyage* est sans grâces,
Puisqu'il est aussi prompt, sur ses lignes de fer,
Que la flèche lancée à travers les espaces
Qui va de l'arc au but en faisant siffler l'air.
Ainsi jetée au loin, l'humaine créature
Ne respire et ne voit, dans toute la nature,
Qu'un brouillard étouffant que traverse un éclair.

On n'entendra jamais piaffer sur une route
Le pied vif du cheval sur les pavés en feu :
Adieu, voyages* lents, bruits lointains qu'on écoute,
Le rire du passant, les retards de l'essieu,
Les détours imprévus des pentes variées,
Un ami rencontré, les heures oubliées,
L'espoir d'arriver tard dans un sauvage lieu.

La distance et le temps sont vaincus. La science
Trace autour de la terre un chemin triste et droit.
Le Monde est rétréci par notre expérience

1. *Caducée :* branche d'olivier que deux serpents, dont les têtes se font face, entourent entrelacés. Attribut de Mercure, dieu du Commerce et des Voyages; **2.** Vigny se souvient de la mort de sa propre mère (1837).

QUESTIONS

● VERS 85-106. Le poète rejette-t-il totalement le progrès technique? Le mot *vendeur* (vers 95), comme le mot *marchand* (vers 86), est péjoratif. Au contraire, *passions* (vers 95) est ici mélioratif (en corrélation avec *généreuses choses*) : que veut dire cette opposition?

● VERS 106-119. Comparez la peinture de la cabane (vers 50-56) avec cette évocation des chemins de fer : bruits, mouvements, atmosphère. Une telle opposition ne montre-t-elle pas que cette diatribe contre le progrès n'est pas du tout un hors-d'œuvre, mais entre dans la logique de la première partie du poème?

Et l'équateur n'est plus qu'un anneau* trop étroit.
Plus de hasard. Chacun glissera sur sa ligne,
Immobile au seul rang que le départ assigne[1],
Plongé dans un calcul silencieux* et froid.

Jamais la Rêverie amoureuse et paisible
N'y verra sans horreur son pied blanc attaché;
Car il faut que ses yeux sur chaque objet visible
Versent un long regard*, comme un fleuve épanché,
Qu'elle interroge tout avec inquiétude,
Et, des secrets divins se faisant une étude,
Marche, s'arrête et marche avec le col penché.

II

Poésie! ô trésor! perle de la pensée*[2]!
Les tumultes du cœur*, comme ceux de la mer*,
Ne sauraient empêcher ta robe nuancée
D'amasser les couleurs qui doivent te former.
Mais sitôt qu'il te voit briller sur un front mâle,
Troublé de ta lueur mystérieuse et pâle,
Le vulgaire effrayé commence à blasphémer.

Le pur* enthousiasme est craint des faibles âmes*
Qui ne sauraient porter son ardeur ni son poids.

1. Glissera aussi mécaniquement que le wagon sur la voie ferrée, une fois le départ donné; 2. A. Barbier, dans *Bianca* (1833) : « O poésie, amour, perles de la nature » (« Il Pianto »); image reprise par Vigny en 1835 dans *Servitude et grandeur militaires* et, ironiquement, par Sainte-Beuve dans son article sur *Servitude :* « La perle, si chère aux poètes, n'est rien d'autre qu'une production maladive d'un habitant des coquilles sous-marines. »

QUESTIONS

● VERS 120-133. D'où vient la froideur et la rigidité des vers 120-126? Dans un tel monde, la poésie reste-t-elle possible? Montrez que la strophe suivante vient en contraste et répond à cette question. — Pour Vigny, le déterminisme mécaniste (Darwin, Taine, Spencer) n'est que l'aspect moderne et scientifique de l'éternel fatalisme, même s'il inclut le progrès dans l'idée d'évolution. Comment ces vers illustrent-ils cette pensée? — Quelles notations dans ces vers 120-126 nous rappellent le poème précédent (« les Destinées »)? Comment le thème du chemin tracé d'avance, qui aboutit à *ligne* (124), est-il peu à peu préparé par des vers antérieurs (vers 12, 23, 65, 95, 106, 113)? — Montrez, dans le vers 123, l'existence d'un cercle fatal : voir « les Destinées », vers 11 et 110, et « le Mont des Oliviers », vers 114; mais pourquoi le terme exprimant l'image a-t-il changé ici? Comparez la strophe 127-133 à la strophe 22-28 : l'image de la Rêverie ne vient-elle pas se superposer à celle d'Éva?

Pourquoi le fuir? — La vie est double dans les flammes.
D'autres flambeaux divins nous brûlent quelquefois :
C'est le Soleil du ciel, c'est l'Amour, c'est la Vie[1];
Mais qui de les éteindre a jamais eu l'envie?
Tout en les maudissant, on les chérit tous trois.

La Muse a mérité les insolents sourires
Et les soupçons moqueurs qu'éveille son aspect.
Dès que son œil chercha le regard* des satyres,
Sa parole trembla, son serment fut suspect,
Il lui fut interdit d'enseigner la sagesse.
Au passant du chemin elle criait : largesse!
Le passant lui donna sans crainte et sans respect.

Ah! fille sans pudeur! fille de saint Orphée[2],
Que n'as-tu conservé ta belle gravité!
Tu n'irais pas ainsi, d'une voix étouffée,
Chanter aux carrefours impurs* de la cité[3];
Tu n'aurais pas collé sur le coin de ta bouche
Le coquet madrigal, piquant comme une mouche,
Et, près de ton œil bleu, l'équivoque effronté.

Tu tombas dès l'enfance, et, dans la folle Grèce,
Un vieillard[4], t'enivrant de son baiser jaloux,

---

1. Réminiscence de Mme de Staël : « L'homme a maudit le soleil, l'amour et la vie; il a souffert, il s'est senti consumé par ces flambeaux de la nature; mais voudrait-on pour cela les éteindre? » (*De l'Allemagne*, III, I); 2. *Orphée :* fils d'Apollon, dieu de la Musique, et frère des Muses. Autres saints de Vigny : saint Socrate, saint Marc Aurèle; 3. Les vers 155-158 furent inspirés à Vigny par des poèmes de 1831; son ami Barbier apostrophait Melpomène ainsi :

> O fille d'Euripide, ô belle fille antique,
> O Muse! qu'as-tu fait de ta blanche tunique? *(Ïambes)*,

et Barthélemy reprenait le style biblique (voir Isaïe, XXIV, 16, Proverbes, VII, 10-12; Ecclésiaste, IX, 6-7) pour stigmatiser le *Journal des débats :*

> Aux carrefours impurs de la grande cité,
> Trente ans elle a vendu son impudicité *(Némésis) ;*

4. Anacréon : lyrique grec, symbole traditionnel de la poésie érotique et bachique.

QUESTIONS

● VERS 134-147. La métaphore de la perle : par quels développements progressifs parvient-on à l'image du Soleil (vers 145)? Relevez les mots clés qui marquent les étapes de cette transformation. — Quel thème s'amorce avec l'allusion au *vulgaire* (vers 140) et aux *faibles âmes* (vers 141)? — Caractérisez le terme d'*enthousiasme* (voir aussi le vers 236) : à quoi reconnaît-on l'influence de Mme de Staël et des trois derniers chapitres de *De l'Allemagne* (1810)?

Releva le premier ta robe de prêtresse,
Et, parmi les garçons, t'assit sur ses genoux.
De ce baiser mordant ton front porte la trace;
Tu chantas en buvant dans les banquets d'Horace,
Et Voltaire[1] à la cour te traîna devant nous.

Vestale aux feux éteints! les hommes les plus graves
Ne posent qu'à demi ta couronne* à leur front;
Ils se croient arrêtés, marchant dans tes entraves,
Et n'être que poète est pour eux un affront.
Ils jettent leurs pensers* aux vents de la tribune[2],
Et ces vents, aveuglés comme l'est la Fortune,
Les rouleront comme elle et les emporteront.

Ils sont fiers et hautains dans leur fausse attitude,
Mais le sol tremble aux pieds de ces tribuns romains.
Leurs discours passagers* flattent avec étude
La foule qui les presse et qui leur bat des mains[3];
Toujours renouvelé sous ses étroits portiques,
Ce parterre ne jette aux acteurs politiques
Que des fleurs sans parfums, souvent sans lendemains.

Ils ont pour horizon leur salle de spectacle;
La chambre où ces élus donnent leurs faux combats

---

1. Le poète latin Horace et surtout Voltaire sont honnis des romantiques, pour avoir abaissé la poésie par la vulgarité du sentiment et la banalité de la pensée; **2.** « Il est déplorable qu'un poète comme Lamartine, s'il s'avise d'être député, soit forcé de s'occuper des bureaux de tabac que demandent les commettants » (Vigny, *Journal*); **3.** « Plus je vais, plus je méprise la popularité et ceux qui la recherchent » (*Journal*, 1831).

QUESTIONS

● VERS 148-175. Relevez les nombreuses allusions à l'antiquité païenne et les quelques réminiscences bibliques qui s'y mêlent. Y a-t-il rupture ou unité de ton? Caractérisez d'après ces trois strophes l'inspiration satirique et l'art de l'invective chez Vigny. — On a vu dans les vers 157-161 une allusion à la poésie sociale prônée par les « progressifs » de l'époque (voir Lamartine, *Réponse à Némésis*, 1831; *Destinée de la poésie*, 1834) et une allusion aux vers mondains pour keepsakes, ces « vers à la douzaine », « qu'on dit vers fugitifs parce qu'ils sont à fuir », dont se moquait Vigny en 1816 *(Apostrophe à M. de Moncorps)*. On a parlé d'une réaction antilamartinienne (qui s'exprimait nettement à partir du vers 169), tout cela annonçant « la Muse vénale » de Baudelaire (1857) et « les Montreurs » de Leconte de Lisle (1862). Mais ne serait-il pas juste de voir dans ces vers la satire de Béranger, roi des poètes à l'époque, et de la multitude des chansonniers égrillards ou sociaux (de Désaugiers à P. Dupont) qui faisaient recette dans les goguettes populaires?

Jette en vain, dans son temple, un incertain oracle[1];
Le peuple entend de loin le bruit de leurs débats,
Mais il regarde* encor le jeu des assemblées
De l'œil dont ses enfants et ses femmes troublées
Voient le terrible essai des vapeurs aux cent bras[2].

L'ombrageux paysan gronde à voir qu'on dételle,
Et que pour le scrutin on quitte le labour.
Cependant le dédain de la chose immortelle[3]
Tient jusqu'au fond du cœur* quelque avocat d'un jour.
Lui qui doute de l'âme*, il croit à ses paroles.
Poésie, il se rit de tes graves symboles,
O toi des vrais penseurs* impérissable amour!

Comment se garderaient les profondes pensées*
Sans rassembler leurs feux dans ton diamant* pur*,
Qui conserve si bien leurs splendeurs condensées?
Ce fin miroir solide, étincelant et dur,
Reste des nations mortes, durable pierre
Qu'on trouve sous ses pieds lorsque dans la poussière
On cherche les cités sans en voir un seul mur.

Diamant* sans rival, que tes feux illuminent
Les pas lents et tardifs de l'humaine Raison!
Il faut, pour voir de loin les peuples qui cheminent,
Que le Berger t'enchâsse au toit de sa Maison.
Le jour[4] n'est pas levé. — Nous en sommes encore

1. Débats auxquels Vigny a prêté grande attention : discussion sur l'extension des droits d'auteur (1841); joute oratoire Guizot-Lamartine (1843). Dans les deux cas, les écrivains furent fort malmenés. — *Oracle* annonce le poème suivant (voir vers 8 de ce poème); 2. L'industrie remplaçant l'ouvrier par la mécanique : « Chacun de ses leviers paralyse cent bras », écrit A. Soumet (*la Divine Epopée*, 1840); 3. La Grande Poésie (voir vers 195); 4. *Le jour :* symbole majeur des utopies sociales. Cette image laïcise le « jour de colère » de la Bible, devenu le « jour du Peuple » chez G. Babeuf *(le Tribun du peuple)*. « Jour pressenti dès l'origine », dira Lamennais en 1837. « Ce jour arrivera », prophétise Lamartine. L'optimisme relatif de Vigny se retrouve dans *les Quatre Ages historiques* de Béranger : « Dans l'ombre à peine on voit poindre le jour. »

QUESTIONS

● VERS 176-189. L'art de la satire dans ces vers. Relevez en particulier les pointes ironiques : parodies ridicules, rôle des adjectifs, termes péjoratifs. Les images : comment s'harmonisent-elles autour des métaphores relatives au théâtre?

● VERS 190-196. Recherchez les contrastes que Vigny établit entre ce qui est essentiel et éternel et ce qui n'est que futile et passager. Où résident pour lui les vraies valeurs?

Au premier rayon blanc qui précède l'aurore
Et dessine la terre aux bords de l'horizon.

Les peuples tout enfants à peine se découvrent
Par-dessus les buissons nés pendant leur sommeil,
Et leur main, à travers les ronces qu'ils entr'ouvrent*,
Met aux coups mutuels le premier appareil[1].
La barbarie encor tient nos pieds dans sa gaine[2].
Le marbre des vieux temps jusqu'aux reins nous enchaîne,
Et tout homme énergique au dieu Terme[3] est pareil.

Mais notre esprit* rapide en mouvements abonde;
Ouvrons* tout l'arsenal de ses puissants ressorts.
L'invisible est réel. Les âmes* ont leur monde
Où sont accumulés d'impalpables trésors.
Le Seigneur contient tout dans ses deux bras immenses,
Son Verbe[4] est le séjour de nos intelligences,
Comme ici-bas l'espace est celui de nos corps.

---

1. *Appareil :* pansement. Thème de Lamennais, pour qui les peuples « se dégageant des langes de l'antique barbarie commencent à se reconnaître comme frères » *(Politique à l'usage du peuple)*. Allusion aussi à l'Entente cordiale, qui, malgré les frictions de 1840-1844, met fin au conflit franco-anglais; 2. « La Barbarie tient encore nos pieds dans sa gaine » (*Carnet*, 1839); 3. *Terme :* dieu romain dont une borne remplace les jambes. « Moi qui suis comme le dieu Terme, dans la terre jusqu'aux genoux, mais la tête ailleurs, très près du ciel quelquefois », écrit Vigny à sa cousine du Plessis (10 nov. 1850); 4. *Verbe :* terme désignant, dans la Vulgate, Dieu souverain. Malebranche a écrit : « Dieu est le lieu des esprits de même que l'espace est en un sens le lieu des corps » (*De la recherche de la vérité*, III). Vigny étudie Malebranche en 1842.

QUESTIONS

● VERS 197-210. Analysez les principaux caractères du diamant; relevez les adjectifs qui le qualifient. Quelles significations l'auteur confère-t-il à chacun de ces caractères? Le rôle des sonorités et des allitérations. — Pour Vigny, la poésie est synthèse; montrez dans les vers 197-203 l'illustration de cette idée. Comparez à la strophe VI du « Post-Scriptum », page 77. — Que pensez-vous de l'image des vers 206-207? Son sens, sa valeur. Comparez à l'attitude du Berger et de sa compagne à la fin du poème. — Comment, aux vers 208-210, interpréter cette aube naissante dans le contexte socio-politique de l'époque?

● VERS 211-224. Que symbolisent *buissons* et *ronces* (vers 212-213)? — Expliquez *nés pendant leur sommeil* (vers 212). Rapprochez des conceptions de Rousseau. — Dans « la Flûte », Vigny développe l'idée : « Du corps et non de l'âme accusons l'indigence. » N'est-ce pas (vers 215-217) ici le même thème, transposé sur le plan social et historique? — Où situer la pensée de Vigny (vers 220-224) : platonisme *(l'invisible est réel)*, spiritualisme du *monde* des *âmes*, idéalisme du *tout* divin, dualisme classique âme-corps?

III

Éva, qui donc es-tu? Sais-tu bien ta nature?
Sais-tu quel est ici ton but et ton devoir?
Sais-tu que, pour punir l'homme, sa créature,
D'avoir porté la main sur l'arbre du savoir[1],
Dieu permit qu'avant tout, de l'amour de soi-même[2]
En tout temps, à tout âge, il fît son bien suprême,
Tourmenté de s'aimer, tourmenté de se voir?

Mais si Dieu près de lui t'a voulu mettre, ô femme!
Compagne délicate! Éva! sais-tu pourquoi?
C'est pour qu'il se regarde* au miroir d'une autre âme*,
Qu'il entende ce chant qui ne vient que de toi :
— L'enthousiasme pur* dans une voix suave.
C'est afin que tu sois son juge et son esclave
Et règnes sur sa vie en vivant sous sa loi[3].

Ta parole joyeuse a des mots despotiques;
Tes yeux sont si puissants, ton aspect est si fort,
Que les rois d'Orient ont dit dans leurs cantiques
Ton regard* redoutable à l'égal de la mort[4];
Chacun cherche à fléchir tes jugements rapides...
— Mais ton cœur*, qui dément tes formes intrépides,
Cède sans coup férir aux rudesses du sort*.

---

1. Rapprocher de la Genèse, II, 9 et 17 : « De l'arbre de la connaissance du bien et du mal, tu ne mangeras pas, car le jour où tu en mangerais, tu mourrais certainement » ; 2. Thème qui rappelle La Rochefoucauld : « Dieu a permis, pour punir l'homme du péché originel, qu'il se fît un dieu de son amour-propre, pour en être tourmenté dans toutes les actions de sa vie » *(Maximes posthumes)*. A rapprocher aussi du thème janséniste de l' « amour-propre » (Pascal, *Pensées*, éd. Lafuma, fragment 978) — ou, simplement, du thème romantique du miroir narcissique : Musset montrait en 1832 Lovelace « amoureux de lui-même » *(Namouna)* ; 3. « Ton désir te poussera vers ton mari et il dominera sur toi » (Genèse, III, 16); 4. Cantique des cantiques : « Tu as pris mon cœur par un coup d'œil » (IV, 9) et « L'amour est fort comme la mort » (VIII, 6). Voir aussi Ecclésiaste, VII, 26 : « Je trouve la femme plus amère que la mort, car elle est un piège et son cœur un filet. »

QUESTIONS

● VERS 225-238. *Nature*, *but*, *devoir* (vers 225-226) : montrez que ces trois mots annoncent le développement qui va suivre jusqu'au vers 273. — Étudiez le rythme des vers 229-234. Quel est le ton du poète dans ces vers? — Dans les vers 237-238, quels thèmes les mots *juge* et *esclave* reprennent-ils et annoncent-ils? — Dans le vers 238, un chiasme lexical double un parallélisme syntaxique : montrez-le. Quel effet cette structure, renforcée par les quatre accents du rythme, donne-t-elle au vers?

Ta pensée* a des bonds comme ceux des gazelles[1],
Mais ne saurait marcher sans guide et sans appui.
Le sol meurtrit ses pieds, l'air fatigue ses ailes,
Son œil se ferme au jour dès que le jour a lui;
Parfois, sur les hauts lieux[2] d'un seul élan posée,
Troublée au bruit des vents, ta mobile pensée*
Ne peut seule y veiller sans crainte et sans ennui.

Mais aussi tu n'as rien de nos lâches prudences,
Ton cœur* vibre et résonne au cri de l'opprimé,
Comme dans une église aux austères silences*
L'orgue entend un soupir et soupire alarmé.
Tes paroles de feu meuvent les multitudes[3],
Tes pleurs lavent l'injure et les ingratitudes,
Tu pousses par le bras l'homme... Il se lève armé.

C'est à toi qu'il convient d'ouïr les grandes plaintes
Que l'humanité triste exhale sourdement.
Quand le cœur* est gonflé d'indignations saintes,
L'air des cités l'étouffe à chaque battement.
Mais de loin les soupirs des tourmentes civiles,
S'unissant au-dessus du charbon noir des villes,
Ne forment qu'un grand mot qu'on entend clairement.

1. *Gazelle :* symbole de l'inspiration prophétique, leitmotiv du Cantique des cantiques : « Sois semblable, mon bien-aimé, à une gazelle ou au faon des biches, sur les montagnes de l'horizon » (II, 17, et VIII, 14); 2. Expression biblique (Samuel, I, IX, 12; Exode, XXIV; I Rois, III, 4); 3. A l'arrière-plan, image de la Déborah biblique ameutant les survivants d'Israël (Juges, V).

QUESTIONS

● VERS 239-252. Comparez à « la Colère de Samson », vers 12-16 et 61-76 : ressemblances et différences. — Montrez dans ce portrait la présence constante d'un dualisme contradictoire : dans ce combat du cœur et de la raison, Vigny se révèle-t-il janséniste ou cartésien? — Montrez que les vers 250-252 assument les images précédentes *(gazelle, oiseau).* Comment le rythme de ces vers correspond-il au thème exprimé (coupes, accents, enjambement)? Sens et valeur de *veiller* (vers 252).

● VERS 253-266. Cœur, âme, corps : les trois éléments évoqués au début du poème reviennent ici : quelles missions échoient à la femme et à l'homme, selon Vigny (vers 257-261)? — Rôle des allitérations du vers 254; les douceurs et les échos des vers 255-256; la précipitation du rythme aux vers 257-259; étudiez les nuances d'un vers à l'autre. Que pensez-vous de la scansion hardie du vers 259? Comment les deux vers 262 et 263 contrastent-ils? — Quel *mot* (vers 266)? « Liberté », « Justice », « Amour », « Fraternité », disent certains commentateurs. « Pitié », avec ses deux sens de « cri de souffrance » et de « cri d'apitoiement », n'est-il pas plus logique? Pourquoi?

Viens donc! le ciel pour moi n'est plus qu'une auréole*
Qui t'entoure* d'azur, t'éclaire et te défend;
La montagne est ton temple et le bois sa coupole;
L'oiseau n'est sur la fleur balancé par le vent,
Et la fleur ne parfume et l'oiseau ne soupire
Que pour mieux enchanter l'air que ton sein respire;
La terre est le tapis de tes beaux pieds d'enfant.

Éva, j'aimerai tout dans les choses créées,
Je les contemplerai dans ton regard* rêveur
Qui partout répandra ses flammes colorées,
Son repos gracieux, sa magique saveur :
Sur mon cœur* déchiré viens poser ta main pure*,
Ne me laisse jamais seul avec la Nature,
Car je la connais trop pour n'en pas avoir peur.

Elle me dit : « Je suis l'impassible théâtre[1]
Que ne peut remuer le pied de ses acteurs;
Mes marches d'émeraude et mes parvis d'albâtre,
Mes colonnes de marbre ont les dieux pour sculpteurs.
Je n'entends ni vos cris ni vos soupirs; à peine
Je sens passer sur moi la comédie humaine[2]
Qui cherche en vain au ciel ses muets* spectateurs.

« Je roule avec dédain, sans voir et sans entendre,
A côté des fourmis les populations;
Je ne distingue pas leur terrier de leur cendre,

---

1. Thème familier à Vigny : « La nature est pour moi une décoration dont la durée est insolente et sur laquelle est jetée cette passagère et sublime marionnette appelée l'homme » (*Journal*, 1835). « Tout cela n'est, après tout, qu'une toile de fond bonne à servir de cadre à la beauté qu'on aime » (Lettre à une amie, 7 septembre 1856); 2. Thème complémentaire du précédent. Vigny reprend ici le titre que Balzac donne en 1842 à ses romans; mais il avait dans son *Journal* raillé la prétention d'un tel titre : « Une des choses curieuses de notre époque, c'est l'orgueil des prétentions littéraires démesurées. L'un [Soumet] appelle son livre *la Divine Épopée*, l'autre *la Comédie humaine*. »

QUESTIONS

● VERS 267-273. Comparez l'appel du vers 267 à celui des vers 22-27. Le ton n'a-t-il pas changé? Rapprochez aussi de la prière du vers 279. — Comparez les nouvelles images circulaires (vers 267-269) à celles que vous avez déjà remarquées dans « les Destinées » et « la Maison du Berger » : précisez leur signification.

● VERS 274-280. Rapprochez le vers 275 du vers 63, en soulignant l'unité d'inspiration du poète : il n'y a pas deux natures, l'une aimée, l'autre haïe, mais deux perceptions d'une seule réalité, belle et sans valeur.

J'ignore en les portant les noms des nations.
On me dit une mère, et je suis une tombe.
Mon hiver prend vos morts comme son hécatombe,
Mon printemps ne sent pas vos adorations.

« Avant vous, j'étais belle et toujours parfumée,
J'abandonnais au vent mes cheveux tout entiers,
Je suivais dans les cieux ma route accoutumée,
Sur l'axe harmonieux des divins balanciers[1].
Après vous, traversant l'espace où tout s'élance,
J'irai seule et sereine, en un chaste* silence*
Je fendrai l'air du front et de mes seins altiers. »

C'est là ce que me dit sa voix triste et superbe[2],
Et dans mon cœur* alors je la hais, et je vois
Notre sang dans son onde* et nos morts sous son herbe
Nourrissant de leurs sucs la racine des bois.
Et je dis à mes yeux qui lui trouvaient des charmes :
« Ailleurs tous vos regards*, ailleurs toutes vos larmes,
Aimez ce que jamais on ne verra deux fois[3]. »

---

1. Harmonie des sphères, selon la théorie pythagoricienne : comparer avec Chateaubriand, *Génie du christianisme*, II, III, 4; 2. *Triste et superbe :* grave et orgueilleuse (langue classique); 3. Réponse à Byron, qui écrit : « Je te plains d'aimer ce qui doit périr » (*Caïn*, II, 2).

QUESTIONS

● VERS 281-294. Qu'est-ce qu'une prosopopée? En avez-vous rencontré d'autres dans ce recueil (voir « les Destinées »)? Quels sont les caractères de celle-ci? — Quelle sorte de *théâtre* est évoqué? Soulignez la continuité de l'image du théâtre dans le vocabulaire. A partir de quels moments une autre image se substitue-t-elle à celle du théâtre? — Dans les vers 285-287 montrez que, point par point, la nature s'oppose à la femme pour le poète. — Sens de *muets* (vers 287) chez Vigny. Recherchez dans ces vers et les suivants d'autres aspects de l'insensibilité de la nature et, au-delà, de Dieu.

● VERS 295-301. Quelle nouvelle métamorphose l'image subit-elle? — Le déterminisme intangible de la nature; Lamartine veut y révérer Dieu : « Adore ici l'écho qu'adorait Pythagore » (« le Vallon »). Pour Vigny, « l'heure de tout est marquée, et la ponctualité des planètes est aussi celle des événements », mais « les éclaireurs seront toujours glorieux parce qu'ils auront pressenti l'avenir et posé l'idée comme un jalon d'or sur la grande route des nations » (B. N., n. a. f., 24984). « La Maison du Berger » n'est-elle pas l'illustration de cette réflexion?

● VERS 302-308. Le crescendo des sentiments de Vigny envers la nature aboutit à ce verbe *haïr* (vers 303). Précisez quelles ont été, dans les strophes précédentes, les étapes de cette hostilité. — Comment ces vers illustrent-ils ce cycle de la mort et de la vie (enjambements, usage de singuliers collectifs, allitérations)? Voir aussi les vers 290-294.

Oh! qui verra deux fois ta grâce et ta tendresse,
Ange doux et plaintif qui parle en soupirant?
Qui naîtra comme toi portant une caresse
Dans chaque éclair tombé de ton regard* mourant,
Dans les balancements de ta tête penchée,
Dans ta taille indolente et mollement couchée,
Et dans ton pur* sourire amoureux et souffrant?

Vivez, froide Nature, et revivez sans cesse
Sous nos pieds, sur nos fronts, puisque c'est votre loi;
Vivez, et dédaignez, si vous êtes déesse,
L'Homme, humble passager*, qui dut[1] vous être un roi;
Plus que tout votre règne[2] et que ses splendeurs vaines,
J'aime la majesté des souffrances humaines :
Vous ne recevrez pas un cri d'amour de moi[3].

Mais toi, ne veux-tu pas, voyageuse* indolente,
Rêver sur mon épaule, en y posant ton front?
Viens du paisible seuil de la maison roulante
Voir ceux qui sont passés et ceux qui passeront.
Tous les tableaux humains qu'un Esprit* pur* m'apporte
S'animeront pour toi quand, devant notre porte,
Les grands pays muets* longuement s'étendront.

---

1. *Dut :* aurait dû (langue classique); 2. Double sens du mot *règne*, par rapport à l'idée de suprématie (voir *déesse*, *roi*) et par rapport à la notion de règne minéral, végétal, etc.; 3. Byron : « O Terre, ma mère, et toi, aube commençante, et vous, montagnes, pourquoi êtes-vous belles? Je ne puis vous aimer » (*Manfred*, I, II).

QUESTIONS

● VERS 309-315. L'angélisme romantique : le poète évoque-t-il ici la « souffrante » Lydia, l' « indolente » Julia? — Dieu a départi à la femme, selon Lamennais, « la grâce et la tendresse, et la douceur » (*le Livre du peuple*, 1838) : la strophe chante cet idéal féminin (sonorités douces, rythme fluent). Quels éléments de cette musique vous plaisent le mieux?

● VERS 316-322. Ce septain fait un contraste complet avec le précédent : dureté des sons, énergie du rythme, violence du ton. Montrez-le. — *Vivez, froide Nature :* des exclamations semblables se trouvaient chez Lamartine, reprenant Byron dans « Éternité de la nature, brièveté de l'homme », vers 11-14 (*Harmonies poétiques et religieuses*, 1830). Mais, tandis que Lamartine oppose à la nature son « espérance impérissable », Vigny insiste au contraire sur la brièveté de la vie : où réside donc pour Vigny la grandeur de l'homme, s'il n'y a plus d'espérance? — « Ce vers (321) est le sens de tous mes poèmes philosophiques, l'esprit d'humanité, l'amour entier de l'humanité et de l'amélioration de ses destinées » (Vigny, *Journal*, 1844). Montrez que les vers 320-322 résument l'essentiel des strophes précédentes.

Nous marcherons ainsi, ne laissant que notre ombre
Sur cette terre ingrate où les morts ont passé;
Nous nous parlerons d'eux à l'heure où tout est sombre,
Où tu te plais à suivre un chemin effacé,
A rêver, appuyée aux branches incertaines,
Pleurant, comme Diane[1] au bord de ses fontaines,
Ton amour taciturne et toujours menacé.

---

1. Plutôt qu'à la Diane de la mythologie, qui se baignait aux sources forestières, il semble que Vigny emprunte cette image à la Diane amoureuse de Montemayor, dont s'est moqué Shakespeare dans *Comme il vous plaira* (IV, I), la bergère larmoyante de la fontaine des Alisiers.

QUESTIONS

● VERS 323-336. Étudiez dans les vers 323-326 et 330-333 l'obsession du « voyage », du « passage » et du déroulement. Relevez les termes qui la traduisent. Quels autres, au contraire, ramènent la sérénité dans cette fuite du temps? — Précisez la pensée profonde du poète devant la mort. — Qu'est-ce, à votre avis, que cet *Esprit pur* (vers 327-328)? De quels *tableaux* s'agit-il? (Voir « l'Esprit pur », vers 63, page 152.) — Pourquoi est-ce Éva qui saura le mieux les comprendre *(s'animeront pour toi)?* Rapprochez des vers 49, 63, 235, 254, 260, 275. — Pourquoi, au vers 333, le *chemin* est-il ici *effacé?* Comparez aux vers 121 et 124. — Dans la dernière strophe, on trouve calme mais incertitude, volonté mâle et fragilité féminine; ces deux impressions contraires et mêlées sont parfaitement mises en valeur : comment? — Après s'être élargie, la vision se restreint au couple, puis à Éva : pourquoi? — Ces deux dernières strophes font le bilan des thèmes qui ont tissé la trame de tout le poème : Éva, la maison, l'Esprit face au monde, l'heure le chemin; montrez-le pour chacun d'entre eux. Comment s'établit en particulier le bilan du mutisme universel? Quels vers le préparent et le reprennent?

■ SUR L'ENSEMBLE DE « LA MAISON DU BERGER ». — Analysez l'architecture générale du poème : comment s'enchaînent les trois grandes parties de l'ensemble?

— Comparez la rédaction définitive avec le poème tel qu'il fut d'après les variantes données dans la Documentation thématique.

— Ce poème assume une double contradiction : 1° celle de la diatribe et de l'éloge; 2° celle du Clos et de l'Ouvert. Montrez, en ce qui concerne la première, que toute la structure du poème répond à cette indication de 1853 : « Il [l'éclair du poète] frappera la boue et y laissera une empreinte fulgurante, puis il remontera se perdre dans le cours paisible et lumineux qui dirige l'Idée. Telle sera la marche de chaque composition des Destinées. » En ce qui concerne la dialectique du Clos et de l'Ouvert, montrez qu'elle justifie le symbolisme du titre et recèle le sens profond de l'œuvre.

— Les images : dressez un répertoire des familles d'images utilisées dans ce poème. Parmi les symboles essentiels, F. Germain a retenu l'arc-en-ciel et ses substituts : pierreries, or, émeraude, ainsi que ses alliances : herbe, cheveux, parfums, eau, saules, larmes. Quelle vous paraît être la valeur affective commune de ces évocations (voir *l'Information littéraire*, 1954, n° 5, et 1955, n° 1)?

— V. L. Saulnier voit dans « la Maison du Berger » une critique en règle du saint-simonisme. Qu'en pensez-vous?

LES ORACLES

Les dates de genèse et de mise au net des « Oracles » et du « Post-Scriptum » sont malaisées à établir. Ce très beau double poème, satirique et idéaliste, dont la valeur et l'importance ont été trop laissées dans l'ombre jusqu'à présent, est daté par Vigny lui-même du 24 février et du 28 mars 1862. Mais il faudrait antidater « les Oracles » et le « Post-Scriptum » de deux ans au moins, quant à leur état définitif. Le poète écrit, en effet, en songeant aux journées de 1848 :

> Entre elles et ce jour ont marché douze années.

On trouve d'ailleurs, à cette date de 1860, dans ses carnets intimes, des réflexions sceptiques de ce genre sur l'intérêt des changements politiques : « Révolution. Affaires entre fonctionnaires du gouvernement qui s'en va et de celui qui vient » (B. N., n. a. f., 13795).

Ce ne serait donc pas la discussion de l'Adresse au Sénat et les discours du 22 février 1862 qui auraient réveillé l'ire du poète contre les « hommes d'affaires publiques », ainsi qu'il les appelle dans un carnet de 1853. En effet, il ne s'agit pas, à ce débat sur l'Adresse, d'orléanistes essayant de faire revivre l'ère louis-philipparde : ceux qui s'illustrèrent dans ces joutes oratoires n'étaient que des légitimistes, partisans de la branche aînée, ou les cinq républicains élus en 1857, dont E. Ollivier. Les orléanistes ne sont revenus qu'après le succès de l' « Union libérale » aux élections de 1863, avec la réapparition de Thiers au Corps législatif.

Quelle date retenir, si celles que l'auteur avance lui-même se révèlent soit fictives, soit fidèles au tout dernier remaniement? On constate d'abord que, dans « les Oracles », aucune mention n'est faite de Napoléon III. Le 2 décembre 1851 reste ignoré. On est en république. Vigny écrit (est-ce une allusion « présente » à un suffrage universel honni?) :

> L'oracle est à présent dans l'air et dans la rue.

Si rien n'annonce l'empire, tout désigne Louis-Philippe, mais comme un personnage qui a vécu et ne reviendra pas. La page est tournée : « Destinée d'un roi », dit le sous-titre. Bilan satirique du gouvernement de Louis-Philippe et de ses « doctrinaires » devenus « corrupteurs » (Guizot et Villemain, en particulier), « les Oracles » sonnent comme une diatribe politique encore chaude, peu distante de ce qu'elle vise. Les « récitateurs » de la campagne des banquets et surtout les « improvisateurs » des barricades viennent de sonner le glas de la monarchie vermoulue. Nous sommes entre la mort de Louis-Philippe, dont la « destinée » est close, mort qui fut sans doute la vraie « occasion » du poème, et le coup d'État que Louis Napoléon prépare par étapes contre l'Assemblée, des manifestations paysannes et militaires d'août-octobre 1850 au 2 décembre 1851. Le 31 mai 1850, Thiers, se moquant de la « vile multitude », avait fait voter les lois censitaires consacrant à la fois l'impopularité des élus orléanistes et leur peur du peuple. Mais les élus, comme le peuple, sont, pour des années, condamnés à subir l'habile manieur de la légende impériale. C'est cette page d'histoire que Vigny tourne cette année-là. On peut donc **dater « les Oracles » de la fin de 1850.**

Il semble à J. Pommier et à R. Ricatte que le « Post-Scriptum » serait pour l'essentiel une pièce encore plus ancienne : 1846, qui ferait suite à la réception glacée que Molé a réservée, en janvier, au nouvel académicien. Le comte Molé serait ce « sophiste » ignorant toute poésie, auquel le poète dédie ses coups les plus violents :

> Toujours, sur ce cristal, rempart des grandes âmes,
> La langue du sophiste ira heurter son dard.

L'hypothèse est fort plausible, bien que les premiers états manuscrits aient disparu. Nous sommes encore dans la veine de « la Maison du Berger » et de ses strophes 20, 29 et 30. Remanié, ce « Post-Scriptum » a dû trouver son titre et sa place à l'occasion d'une autre réception à l'Académie, celle du prince Albert de Broglie, orléaniste notoire, reçu au fauteuil de Lacordaire, par Saint-Marc Girardin, en mars 1862. Les coups se rendent.

Le plan de 1856 ne parle ni des « Oracles » ni du « Post-Scriptum » : c'est donc plus tard que Vigny a envisagé de les inclure dans son recueil. Il écrit alors, ou récrit, la première strophe de chaque poème, ménageant leur liaison avec « la Maison du Berger ». Le vers 175 de « la Maison du Berger », écrit en 1844, est bien cet oracle énoncé « quatre ans avant l'éclair fatal ».

Ainsi, « les Oracles » et leur suite sont bien la première application de la dialectique inaugurée par le second prologue des *Destinées :* dénonciation du mal, louange de l'idéal. Testament politique après la méditation sur les événements de 1830 et de 1848 et des années intermédiaires, sur l'échec d'ambitions électorales, testament rassemblé et remodelé en 1860 et 1862. Vigny s'y montre ce que H. Guillemin appelle l' « homme d'ordre ». On comprend que ce légitimiste, clairvoyant en ce qu'il a vu très vite l'incapacité et l'archaïsme des tenants du « vieux trône », se soit rallié à Napoléon III, après avoir accepté déjà en 1830 Louis-Philippe, ce « paysan parvenu », comme un moindre mal. Sa règle est restée la même : « Mieux valait construire à la hâte une royauté bâtarde que de laisser crouler la nation en ruines pareilles à celles de la Terreur » (*Journal*, février 1831). Imperturbablement logique, il se montre, dans « les Oracles », l'aristocrate qu'il est né :

— **antibourgeois** (« La bourgeoisie est maîtresse de la France », notait-il avec amertume);

— **antiparlementaire** (« Tout ce que fait une assemblée est superficiel », écrit-il en 1846);

— **antidémocrate,** malgré ses élans saint-simoniens que mars-avril 1848 ont vu renaître un instant avec la bénédiction des peupliers de la liberté, les encouragements que Pie IX prodigue aux combattants de l'unité italienne, l'enthousiasme pour Mazzini ou pour les démocrates américains (voir sa lettre du 7 avril 1848, B. N., n. a. f., 25086);

— **moraliste de l'ordre social,** avant tout, écœuré par la « corruption » de Guizot, par les scandales des années 1846-1847, par la démagogie verbale des députés, par le règne de l'argent et des médiocres. Théoricien de l'élite, il consignait dans un carnet, à la date du 16 octobre 1836, comme s'il découvrait un point d'accord profond entre les réflexions de Lucien Bonaparte et ses préoccupations personnelles : « Lire les Mémoires de L. Bonaparte. Déteste le gouvernement de la multitude. »

LES ORACLES

DESTINÉE D'UN ROI

I

Ainsi je t'appelais au port et, sur la terre,
Fille de l'Océan*[1], je te montrais mes bois.
J'y roulais la Maison errante*[2] et solitaire.
— Des dogues révoltés j'entendais les abois.
— Je voyais, au sommet des longues galeries,
L'anonyme drapeau des vieilles Tuileries
Déchiré sur le front du dernier des vieux Rois.

II

L'oracle est à présent dans l'air et dans la rue.
Le passant au passant montre au ciel tout point noir.
Nous-même en mon désert*[3] nous lisions dans la nue,
Quatre ans avant l'éclair fatal[4]. — Mais le Pouvoir

1. L'Irlandaise Triphina Holmès, vraisemblablement, qui mourra en 1856; **2.** *Errant :* voyageur (sens étymologique); **3.** Sa retraite du Maine-Giraud, en Charente; **4.** En 1844, date de la publication de « la Maison du Berger » (voir, dans ce poème, le vers 175).

QUESTIONS

● VERS 1-7. Comment ces vers font-ils le lien entre « les Oracles » et « la Maison du Berger »? — Montrez que les deux adjectifs *errante* et *solitaire* (vers 3) reprennent deux thèmes structuraux de « la Maison du Berger ». — Pourquoi *anonyme* (vers 6)? Serait-ce parce qu'il est tricolore? Expliquez ce dédain d'aristocrate traditionaliste.

S'enferme en sa Doctrine[1], et, dans l'ombre, il calcule
Les problèmes sournois du jeu de sa bascule[2],
N'entend rien, ne sait rien et ne veut rien savoir.

III

C'était l'an du Seigneur où les songes livides
Écrivaient sur les murs les trois mots flamboyants[3];
Et l'heure où les Sultans, seuls sur leurs trônes vides,
Disent au ciel muet* : « Où sont mes vrais Croyants? »
— Le temps était venu des sept maigres génisses[4].
Mais en vain tous les yeux lisaient dans les auspices;
L'aveugle Pharaon dédaignait les Voyants[5].

IV

Ulysse avait connu les hommes et les villes[6],
Sondé le lac de sang des Révolutions,
Des saints et des héros les cœurs* faux et serviles,
Et le sable* mouvant des constitutions.
— Et pourtant, un matin, des royales demeures,
Comme un autre en trois jours, il tombait en trois heures[7],
Sous le vent empesté des déclamations.

---

1. Attaque contre Guizot et le groupe des « Doctrinaires » de 1818 (partisans de la Charte) devenu, après 1830, le parti de la « Résistance », opposé à toute évolution libérale; 2. Mot satirique de l'opposition, caractérisant les appuis alternés cherchés par le gouvernement tantôt à droite, tantôt à gauche; 3. Allusion à un épisode biblique (Livre de Daniel, V) : au cours d'un festin donné par le roi de Babylone Balthazar, une main mystérieuse écrivit sur le plâtre du mur trois mots énigmatiques, que seul le prophète Daniel put expliquer. Ces trois mots (Mané, Thécèl, Pharès) signifiaient « compté, pesé, divisé » et annonçaient, selon le prophète, la mort du roi; 4. Autre allusion biblique (Genèse, XLI). Le Pharaon vit sept vaches maigres qui dévoraient sept vaches grasses qui les précédaient. Joseph expliqua que sept années de famine détruiraient les réserves accumulées pendant sept années de prospérité; 5. Leitmotiv des chapitres VII-IX de l'Exode : « Le cœur de Pharaon s'endurcit et il refusa d'écouter Moïse et Aaron »; 6. Imité d'Horace (*Art poétique*, vers 142); 7. « Il fallait trois jours en 1830, il n'a fallu que trois heures en 1848 pour renverser un trône » (avril 1848, B. N., n. a. f., 25086) : preuve que ce vers au moins du poème a été mûri bien avant 1862.

QUESTIONS

● VERS 8-14. Comment interprétez-vous le vers 8 et le titre du poème? Faut-il y voir : *a*) une satire du personnel politique de la monarchie de Juillet (voir « la Maison du Berger », vers 185); *b*) une satire du suffrage universel; *c*) ou simplement la constatation d'une évidence que tout observateur pouvait découvrir, ce qui, par contraste, ferait ressortir l'aveuglement du Pouvoir? Mais le mot *oracle* n'est-il pas d'habitude interprété péjorativement chez Vigny? Faudrait-il distinguer un sens neutre du mot au vers 8 et une valeur satirique réservée au titre?

V

Les Parlements jouaient aux tréteaux populaires,
A l'assaut du Pouvoir par l'applaudissement.
Leur tribune savait, par de feintes colères,
Terrasser la raison sous le raisonnement.
Mais leurs coups secouaient la poutre et le cordage,
Et le frêle tréteau de leur échafaudage
Un jour vint à crier et croula lourdement.

VI

Les Doctrines[1] croisaient leurs glaives de Chimères
Devant des spectateurs gravement assoupis.
Quand les lambris tombaient sur eux, ces gens austères
Ferraillaient comme Hamlet, sous la table accroupis.
Poursuivant, comme un rat, l'argument en détresse,
Ces fous, qui distillaient et vendaient la sagesse,
Tuaient Polonius à travers le tapis.

VII

O de tous les grands cœurs* Déesses souveraines,
Qu'avez-vous dit alors? ô Justice, ô Raison!

---

1. Il s'agit des utopies sociales de l'époque (saint-simonisme, fouriérisme, buchézisme, icarisme, etc.).

QUESTIONS

● VERS 15-35. Caractérisez l'inspiration des vers 15-21. — Quel personnage est désigné aux vers 21 et 22 par *Pharaon* et *Ulysse?* Pourquoi Vigny change-t-il ainsi d'image et de registre? Le thème de la désacralisation, de Balthazar à Ulysse : étudiez ce decrescendo du vers 15 au vers 28. — On voit apparaître aux vers 23 et 25 le thème contre-révolutionnaire du « limon » des révolutions (« Ce torrent de boue et de sang qu'on appelle Révolution française », disait de Maistre) : rapprochez des vers 66, 72-77 des « Oracles » et des vers 1, 9, 13, 20, 32 du « Post-Scriptum ». — Rapprochez le vers 28 des *vents de la tribune* de « la Maison du Berger » (vers 173-175). Montrez que ces vents de comédie s'opposent aux vents de vérité qui soufflent sur les hauts lieux (voir « la Maison du Berger », vers 250-251). — Comparez les vers 29-35 à « la Maison du Berger », vers 176-189.

● VERS 36-42. Expliquez le mot *Chimères* (vers 36) et justifiez son emploi. Comparez à l'accent du vers 92 de « la Maison du Berger ». Vigny se contredit-il? — A propos des vers 38-42, que savez-vous de la culture shakespearienne de Vigny? En quoi cette évocation convient-elle à Mme Holmès? Appréciez sa valeur littéraire (voir *Hamlet*, III, IV).

Quand, par ce long travail des ruses souterraines,
Sur le maître étonné s'effondra la maison,
Sous le trône écrasant le Divan doctrinaire[1]
Et l'écu d'Orléans, qu'on croyait populaire
Parce qu'il n'avait plus fleur de lys ni blason[2]?

VIII

Reines de mes pensers*! ô Raison! ô Justice!
Vous avez déployé vos balances d'acier
Pour peser ces esprits* d'audace et d'artifice
Que le Destin* venait enfin d'humilier,
Quand son glaive, en coupant le faisceau des intrigues,
Trancha le nœud gordien des tortueuses ligues
Que leurs ongles savaient lier et délier.

IX

Vous avez dit alors, de votre voix sévère :
« Malheur à vos amis, comme à vos alliés,
Sophistes qui parlez d'un ton de sermonnaire!
Il a croulé, *ce sol qui tremblait sous vos pieds.*
Mais tomber est trop doux pour l'homme à tous funeste;
De la punition vous subirez le reste,
Corrupteurs[3]! vos délits furent mal expiés.

1. Image qui prend la suite du fameux « canapé du comte Beugnot », qui réunissait les « Doctrinaires » sous la Restauration (expression de Rémusat); **2.** Suppression des fleurs de lis et du blason par une ordonnance de 1831; **3.** La « corruption » : méthode de gouvernement pratiquée par Guizot (achat de votes, bureaux de tabac, pensions, et autres, prébendes).

QUESTIONS

● VERS 43-70. *Justice*, *Raison* (vers 44) : sens et valeur de ces mots chez Vigny; rapprochez de la strophe IV du « Post-Scriptum ». — Qui est visé par le *on* du vers 48? Puis par ces *esprits* (vers 52) et ces *sophistes* (vers 59)? — Chez Vigny, aristocrate, la légitimité n'est pas dans la volonté du peuple, mais dans la tradition du sang. *Populaire* (vers 48) prend un accent péjoratif; quels autres termes de ces strophes sont dans ce cas? — Le ton et les accents de la satire dans les vers 58-63. — Rapprochez le vers 60 du vers 177 de « la Maison du Berger » : que signifie l'italique voulue par Vigny? — *Démocratie*, *désert* (vers 66) : assimilation longuement mûrie, puisqu'en 1826 Vigny appelait déjà *désert* la « démocratie égalitaire » *(Projet de poème)*. Expliquez la logique de l'image développée dans les vers 66-70. Montrez la permanence de la pensée de Vigny en rapprochant des vers 25 et 28 des « Oracles » et du vers 55 de « l'Esprit pur ».

X

« Maîtres en longs discours à flots* intarissables!
Vous qui tout enseigniez[1], n'aviez-vous rien appris?
Toute Démocratie est un désert* de sables*;
Il y fallait bâtir, si vous l'eussiez compris.
Ce n'était pas assez d'y dresser quelques tentes
Pour un tournoi d'intrigue et de manœuvres lentes
Que le souffle de flamme[2] un matin a surpris.

XI

« Vous avez conservé vos vanités, vos haines,
Au fond du grand abîme où vous êtes couchés,
Comme les corps trouvés sous les cendres romaines
Debout, sous les caveaux de Pompéia* cachés[3],
L'œil fixe, lèvre ouverte* et la main étendue,
Cherchant encor dans l'air leur parole perdue,
Et s'évanouissant sitôt qu'ils sont touchés.

XII

« Partout où vous irez, froids, importants et fourbes,
Vous porterez le trouble. En des sentiers étroits
Des coalitions suivant les lignes courbes,
Traçant de faux Devoirs et frappant de vrais Droits,
Gonflés d'orgueil mondain et d'ambitions folles,

---

1. Guizot, Villemain, Thiers : autant de « professeurs » célèbres par leurs cours ou leurs livres; **2.** Cette alliance du souffle et du feu revient souvent dans les « oracles » des prophètes d'Israël : Isaïe, XXIX, 5-6; **3.** Pompéi (et non *Pompéia*) : ville ensevelie en 79 sous les cendres du Vésuve en éruption. Les fouilles poursuivies au cours du XIXe siècle avaient permis non de découvrir les restes de certaines victimes, mais de mouler en plâtre leurs dernières attitudes d'après les cavités laissées par les corps dans le sol.

QUESTIONS

● VERS 71-77. Du sable à la poussière : commentez le crescendo de la satire. — Comment les strophes X et XI s'opposent-elles à l'idéalisme du « Post-Scriptum »? Comparez en particulier les images et les rythmes.

● VERS 78-84. Précisez le sens et la valeur des trois adjectifs du vers 78; le rôle du son *ou* dans ce vers et les suivants. — Définissez les caractères de l'éloquence dans ces vers. — Aux vers 79-81, analysez cette image des *sentiers* de manœuvre et des *lignes courbes* de coalition en la comparant aux « chemins » rencontrés dans les poèmes précédents. — Commentez l'opposition fréquente chez Vigny des verbes *graver* (vers 89) et *tracer* (vers 81). [Voir aussi « les Destinées », vers 70, « la Maison du Berger », vers 121 et 124, et « l'Esprit pur », vers 40 et 55.]

Imposant par le poids de vos âpres paroles
A l'humble courageux la plus lourde des croix.

XIII

« Peuple et Rois ont connu quels conseillers vous êtes,
Quand sous votre ombre en vain votre Prince abrité*
Aux murs du grand banquet[1] et des funestes fêtes,
Cherchant quelque lumière en votre obscurité,
Lut ces mots que nos mains gravèrent sur la pierre,
Comme autrefois Cromwell sur sa rouge[2] bannière :
Et nunc, Reges mundi, nunc intelligite[3] *!* »

24 février 1862.

POST-SCRIPTUM

I

Mais pourquoi de leur cendre évoquer ces journées
Que les dédains publics effacent en passant?
Entre elles et ce jour ont marché douze années[4] :
Oublions et la Faute et la Fuite et le Sang[5],

---

1. Assimilation satirique du festin de Balthazar (voir vers 15-16) et de la Campagne des banquets qui a préludé à la Révolution de 1848; **2.** *Rouge*, au double sens du terme : 1° sanglant (exécution de Charles Ier d'Angleterre); 2° « niveleur » (signe d'égalitarisme social); **3.** « Et maintenant, Rois du monde, comprenez » (Psaumes, II, 10). Devise gravée par Cromwell sur la médaille commémorative de la mort du roi, reprise en 1669 par Bossuet au début de l'*Oraison funèbre d'Henriette de France ;* **4.** Plutôt que de supposer une erreur de l'auteur, il faut voir dans ce vers un état du texte de 1860; **5.** La *faute* majeure serait l'immobilisme que dénonce le début des « Oracles », et dont les signes sont le refus de la Réforme électorale et l'interdiction du banquet libéral. La *fuite* est celle de Louis-Philippe en Angleterre. Le *sang* rappelle la fusillade du boulevard des Capucines le 23 février 1848.

QUESTIONS

● VERS 85-91. Bien que Vigny ne soit pas entamé par la mythique du *Peuple* comme Michelet, Lamennais ou le Hugo d'après 1848, ce terme a droit chez lui au respect. Les termes qui expriment sa défiance sont : « la foule », « la multitude », « le vulgaire », « les masses ». Quelle valeur a ici le mot *Peuple* (vers 85)? Quelle conclusion pourrait-on tirer de son emploi au singulier et du pluriel de *Rois?* — Quelle leçon de morale implicite Vigny tire-t-il de ces enseignements de l'Histoire? — Comparez le poème avec sa version primitive, telle qu'elle apparaît dans la Documentation thématique.

Et les corruptions[1] des pâles adversaires.
— Non. Dans l'Histoire il est de noirs anniversaires
Dont le spectre revient pour troubler le présent.

II

Il revient, quand l'orgueil des obstinés coupables
Sort du limon confus des révolutions
Où pêle-mêle on voit tomber les incapables,
Pour nous montrer encor ses vieilles passions
Et hurler à grands cris quelque sombre horoscope.
En observant la vase aux feux d'un microscope.
On voit dans les serpents ces agitations[2].

III

S'agiter et blesser est l'instinct des vipères;
L'Homme ainsi contre l'Homme a son instinct fatal[3] :
Il retourne ses dards et nourrit ses colères
Au réservoir caché* de son poison natal.

---

1. Allusions aux scandales de 1847 : trafic d'influence dans les concessions de voies ferrées, dans les marchés d'État; procès des ministres Teste et Cubières, accusés de concussion; scandales mondains, comme le meurtre de la duchesse de Choiseul-Praslin par son mari; 2. A propos des intrigues pour la révision de la Constitution qui se multiplient de 1850 à 1851, Vigny se sert dans une lettre d'une image identique : « Elles s'agitent déjà comme les serpents qu'on voit dans le vinaigre au microscope » (août 1851). Les deux textes ne seraient-ils pas contemporains? 3. « L'homme domine l'homme pour son malheur » (Ecclésiaste, VIII, 9).

QUESTIONS

● VERS 1-14. Dans le deuxième septain, Vigny semble rechercher délibérément un rapetissement des images et une disharmonie : quelle signification ce procédé peut-il avoir? Recherchez et commentez le vocabulaire de la dérision dont ces vers sont jalonnés. — L'horreur de la boue et de l'enlisement chez Vigny (voir le vers 25 des « Oracles »): F. Baldensperger signale les variantes suivantes : « fange » au lieu de *vase* (vers 13), « aux vermisseaux » au lieu de *dans les serpents* (vers 14). Quel est l'intérêt de ces rectifications?

● VERS 15-21. Le vers 19 est-il une allusion aux cercles de *l'Enfer* de Dante? Commentez le sens de cette image en rapprochant du vers 11 des « Destinées » et du vers 114 du « Mont des Oliviers ». — Montrez qu'il y a dans les vers 20-21 une recherche certaine de l'allégorie; quel est son sens? — Commentez *diamant* et *cristal* (vers 21) : la justesse dans le choix de ces symboles; leur enrichissement au cours des vers 22-42. Rapprochez de « la Maison du Berger », vers 197-207. — F. Germain pense qu'ici le verre est un faux cristal. Développez cette idée. Montrez que l'opposition du diamant et du serpent forme la structure du poème.

Phot. Larousse.

COUP D'ÉTAT DU 2 DÉCEMBRE 1851 : **« La suite prochainement »**
(Louis-Napoléon, le général Cavaignac, Lamartine et Louis-Philippe).

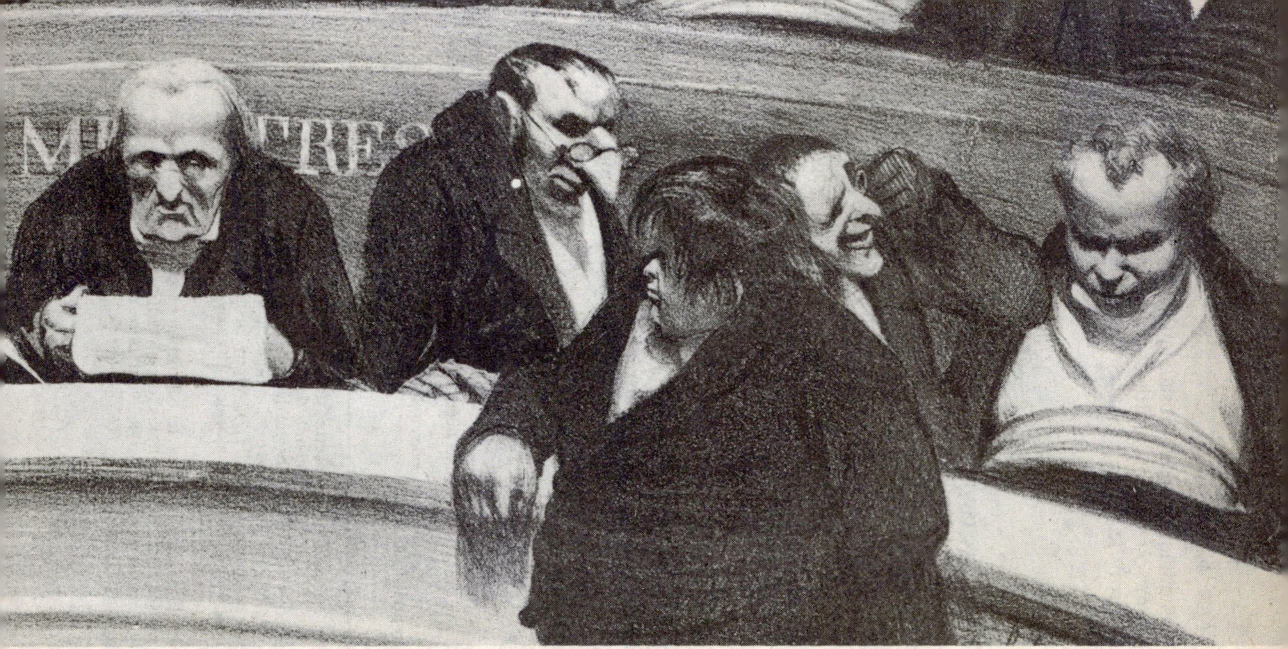

Phot. Larousse.

LE VENTRE LÉGISLATIF
Lithographie de Daumier (1808-1879).

Dans quelque cercle* obscur qu'on les ait vus descendre,
Homme ou serpent, blottis sous le verre ou la cendre,
Mordront le diamant* ou mordront le cristal*.

IV

Le cristal*, c'est la vue et la clarté du JUSTE[1],
Du principe éternel de toute vérité,
L'examen de soi-même au tribunal auguste
Où la Raison, l'Honneur, la Bonté, l'Équité,
La Prévoyance à l'œil rapide et la Science
Délibèrent en paix devant la Conscience
Qui, jugeant l'action, régit la Liberté*.

V

Toujours sur ce cristal*, rempart des grandes âmes*,
La langue du Sophiste[2] ira heurter son dard.
Qu'il se morde lui-même, en ses détours infâmes
Qu'il rampe, aveugle et sourd, dans l'éternel brouillard.
Oublié, méprisé, qu'il conspire et se torde :
Ignorant le vrai Beau, qu'il le souille et qu'il morde
Ce diamant* que cherche en vain son faux regard*.

1. Thème biblique : l'homme fidèle à Dieu. « Le Juste vivra de la foi » (Habacuc, II, 4). Chez Vigny, laïcisation de l'expression : fidélité de l'homme à ses propres principes; 2. Ce *Sophiste* pourrait bien être le comte Molé. Mais au-delà d'une rancœur personnelle, c'est aussi une attaque générale contre les politiciens orléanistes.

QUESTIONS

● VERS 22-28. Derrière cette strophe on retrouve des corrélations de mots du *Discours de réception* de 1846 : « L'amour du juste et du vrai fait asseoir partout la liberté de la pensée. » Pesez chacun des termes employés ici. — Montrez que, malgré la présence d'expressions à résonances religieuses (lesquelles?), Vigny insiste pas à pas sur le caractère purement humaniste de sa morale. — Analysez le développement rationnel de sa pensée.

● VERS 29-35. Commentez le balancement et la confusion des images. Que pensez-vous de cet amas de métaphores? — Montrez que cette strophe, jusque dans son style, veut faire contraste avec la précédente : relevez leurs oppositions.

VI

Le DIAMANT* ! c'est l'art des choses idéales*,
Et ses rayons d'argent, d'or, de pourpre et d'azur[1],
Ne cessent de lancer les deux lueurs égales
Des pensers* les plus beaux, de l'amour le plus pur*.
Il porte du génie et transmet les empreintes.
Oui, de ce qui survit aux Nations éteintes,
C'est lui le plus brillant trésor et le plus dur.

28 mars 1862.

---

1. On retrouve dans ce vers les quatre couleurs du blason des Vigny : « d'argent cantonné de quatre lions de gueules, à l'écusson en abîme d'azur à la fasce d'or ».

QUESTIONS

● VERS 36-42. Il s'agit au fond d'affirmer l'éminente dignité des poètes, comme dans le « Post-Scriptum » du 15 janvier 1842 ajouté à *De Mademoiselle Sedaine*, où l'on dit : « L'essentiel est de relever la dignité des lettres. » Vigny y écrivait aussi : « Si une pensée nous satisfait, c'est par sa forme qu'elle excite l'enthousiasme et se perpétue. » D'un « Post-Scriptum » à l'autre, abstraction faite de la question des droits d'auteur, c'est le même thème qui revient : montrez-le. — Comparez aussi cette strophe, du point de vue des symboles et de la pensée, aux vers 53-56 de « l'Esprit pur ». Opposez-la à la strophe XI des « Oracles ».

■ SUR L'ENSEMBLE DES « ORACLES » ET DU « POST-SCRIPTUM ». — La composition de cet ensemble : précisez ce qui fait l'unité des deux pièces.

— les thèmes : comment s'entrelacent et se renforcent les griefs personnels et l'attitude générale d'esprit? Définissez la pensée de Vigny telle qu'elle s'exprime ici (voir la Documentation thématique).

— Le génie satirique de l'auteur d'après ces deux poèmes : sur quels sentiments joue-t-il? Comment la dignité du ton contribue-t-elle à donner plus d'intensité à la pensée?

— Étudiez les symboles dans ces pièces.

LA SAUVAGE

Ébauché en décembre 1839, puis esquissé en prose sous le titre d' « Oneida », « églogue américaine », le poème de « la Sauvage » appartient à cette époque d'unanimisme où Vigny, méditant sur son temps ou élargissant ses désespoirs personnels, a égrené, au long des années 1840-1844, ce que F. Baldensperger appelle ses « poèmes de la pitié ». Plus prosaïquement, disons aussi qu'il s'agit de préparer sa candidature à l'Académie française. Deux échecs le blessent, en février et en mai 1842. Vigny publie à intervalles réguliers, dans *la Revue des Deux Mondes*, tout un cycle de méditations. « La Sauvage » ouvre cette série dans la livraison du **15 janvier 1843.** « La Mort du Loup » et « la Flûte » suivront la même année.

Un tel poème, si lourdement édifiant et conformiste au premier abord, ne doit-il son contenu qu'à ces nécessités académiques? Ce serait une erreur de le croire. Vigny, avec cette sincérité et cette logique permanentes qui caractérisent sa pensée, y peint une **allégorie moderne** où s'exprime ce thème fondamental : la colonisation est l'honneur et le dynamisme de la civilisation (occidentale, bien entendu, et par excellence).

D'où vient ce poème? De ses lectures surtout. Dès 1835, il a dévoré la première partie de *la Démocratie en Amérique* de Tocqueville; il a lu et relu le roman de G. de Beaumont, *Marie ou l'Esclavage aux Etats-Unis*, dont il note, malgré le « mauvais style » et le « faux ton épique », « quelques bonnes observations ».

Peut-être a-t-il connu les *Mémoires* de Tanner, dont s'inspire largement Beaumont. En 1836, ce sont les *Lettres sur l'Amérique du Nord*, dont Michel Chevalier, reprenant des notes de voyage parues dans le *Journal des débats*, donnera une troisième édition augmentée en 1838. Vigny estimait fort ce polytechnicien saint-simonien, nommé conseiller d'État en 1838 et professeur d'économie au Collège de France dès 1840. L'admiration que Michel Chevalier professe pour les colons américains (« Il n'y a au monde qu'une seule grande république qui prospère... ») contrebalance facilement dans l'esprit de Vigny les notes moins idylliques tirées de Beaumont. Vigny fait sien le programme que Chevalier se donnait en 1832 : « Susciter par une prédication morale l'enthousiasme de l'aristocratie nouvelle » *(Système de la Méditerranée)*.

Telle est « la Sauvage ». Vigny ne s'y renie pas. C'est le même homme qui s'enthousiasmait pour les saint-simoniens en 1829, pour la conquête de l'Algérie, commencée sous Charles X et presque terminée en 1848, qui proposera en 1847 à l'Académie, pour son concours de poésie, le sujet : « L'Algérie ou la Civilisation conquérante. »

Lisons l'éloge de l'armée d'Algérie qu'il écrit en 1831 pour *la Revue des Deux Mondes* à propos des *Anecdotes* de Merle : « Il est donc vrai qu'il y a eu une campagne d'Alger, brillante et profitable. »

F. Baldensperger semble penser que Vigny rejette ici les thèses de J. de Maistre, qu'il avait d'abord adoptées. Tout au contraire, il est clair que « la Sauvage » concilie fort bien l'idée de la dégénérescence des sauvages et celle du progrès colonisateur. Vigny écrit d'ailleurs à Camilla Maulnoir : « J'ai voulu prouver que la civilisation pouvait être chantée ainsi que la raison et que les races sauvages étaient coupables envers la famille humaine de n'avoir pas su vénérer la Femme, la culture, l'hérédité, former une société durable, et qu'il était juste que l'Europe les forçât d'en recevoir une. [...] Quoique j'aime J.-J. Rousseau, ma conscience m'a forcé de prendre le thème contraire au sien » (1843). Il y a donc chez lui, comme chez de Maistre, une réaction antirousseauiste fondamentale : mythe du « mauvais sauvage », pourrait-on dire. « Nul doute sur la dégradation, écrit de Maistre, et j'ose le dire aussi, nul doute sur la cause de la dégradation, qui ne peut être qu'un crime. [...] On ne saurait fixer un instant ses regards sur le sauvage sans lire l'anathème écrit, je ne dis pas seulement dans son âme, mais jusque sur la forme extérieure de son corps. C'est un enfant difforme, robuste et féroce, en qui la flamme de l'intelligence ne jette plus qu'une lueur pâle et intermittente. [...] Il a l'appétit du crime, il n'en a point les remords. [...] Il arrache la chevelure sanglante de son ennemi vivant. [...] Il est visiblement dévoyé; il est frappé dans les dernières profondeurs de son essence morale » (*Soirées de Saint-Pétersbourg*, 2e entretien, 1821). Vigny connaît bien ces textes : ils sont de sa famille. Cet « homme de la peau rouge aux guerres insensées », qu'il dépeint dans son poème, doit certes beaucoup de ses traits et de son vocabulaire à l'exotisme hérité de Chateaubriand et de Fenimore Cooper. Mais si Vigny n'insiste pas sur le caractère divin du châtiment qui l'accable, son accent accusateur ne trompe pas :

Hommes à la peau rouge, enfants, qu'avez-vous fait?

Nous n'avons pas affaire à une fresque exotique dans le goût du jour, mais à une leçon de morale civique.

Manifestation de « la bonne conscience du colon occidental » (P. G. Castex), « la Sauvage » chante à l'aise le combat de la loi civilisée contre celle de la jungle. Curieuse alliance de symboles que ce colon : il est à la fois l'héritier du libéralisme philosophique et de la Révolution française, démocrate du bonnet phrygien, de la pique et de la hache, et l'héritier du puritanisme protestant anglais, patriarche dont la Bible est au centre de la table et qui tolère Shakespeare dans un coin. Cette image s'unifie autour d'un désir profond de paternalisme : l'élite prend en charge le monde et lui commande.

Vigny a su accepter le mouvement de l'Histoire. Sans rien renier des traditions rivales, il fait dans son poème un effort pour assumer le temps présent. Pourtant, nous le voyons rester, et l'image du colon le prouve, ce physiocrate de race qui considère le mouvement expansionniste de la bourgeoisie conquérante et savante non sous les traits d'industriels ou de commerçants hardis, mais sous ceux d'un défricheur de terres vierges, défenseur de la religion et de la propriété. Vigny détourne ainsi la véritable pensée de Chevalier, qui projetait déjà de percer l'isthme de Panama et de creuser un tunnel sous la Manche. Dans son optimisme colonialiste, mais agrarien, Vigny chante une loi d'Europe idéale dont l'industrie n'aurait pas encore « glacé le cœur ».

LA SAUVAGE

SAGESSE DE CAÏN, LE LABOUREUR

I

Solitudes que Dieu fit pour le Nouveau Monde,
Forêts, vierges encor, dont la voûte profonde
A d'éternelles nuits que les brûlants soleils
N'éclairent qu'en tremblant par deux rayons vermeils
(Car le couchant peut seul et seule peut l'aurore
Glisser obliquement au pied du sycomore),
Pour qui, dans l'abandon, soupirent vos cyprès?
Pour qui sont épaissis ces joncs luisants et frais?
Quels pas attendez-vous pour fouler vos prairies?
De quels peuples éteints[1] étiez-vous les patries?
Les pieds de vos grands pins, si jeunes et si forts,
Sont-ils entrelacés sur la tête des morts?
Et vos gémissements sortent-ils de ces urnes
Que trouve l'Indien sous ses pas taciturnes?
Et ces bruits du désert*, dans la plaine entendus,
Est-ce un soupir dernier des royaumes perdus?
Votre nuit est bien sombre et le vent seul murmure.
— Une peur inconnue accable la nature.
Les oiseaux sont cachés* dans le creux des pins noirs,
Et tous les animaux ferment leurs reposoirs
Sous l'écorce, ou la mousse, ou parmi les racines,

1. Le thème des *peuples éteints* et des *royaumes perdus* (vers 16) vient peut-être de Chateaubriand, qui décrit ainsi les Indiens dans le *Génie du christianisme :* « Race indolente, stupide et féroce, elle montrait dans toute sa laideur l'homme primitif dégradé par sa chute. Rien ne prouve davantage la dégénération de la nature humaine que la petitesse du sauvage dans la grandeur du désert » (1802).

Ou dans le creux profond des vieux troncs en ruines.
— L'orage sonne au loin, le bois va se courber,
De larges gouttes d'eau* commencent à tomber;
Le combat se prépare et l'immense ravage
Entre la nue ardente et la forêt sauvage.

II

Qui donc cherche sa route en ces bois ténébreux?
Une pauvre Indienne[1] au visage fiévreux,
Pâle et portant au sein un faible enfant qui pleure;
Sur un sapin tombé, pont tremblant qu'elle effleure,
Elle passe, et sa main tient sur l'épaule un poids
Qu'elle baise : autre enfant pendu comme un carquois.
Malgré sa volonté, sa jeunesse et sa force,
Elle frissonne encor sous le pagne d'écorce
Et tient sur ses deux fils la laine aux plis épais,
Sa tunique et son lit dans la guerre et la paix.
— Après avoir longtemps examiné les herbes
Et la trace des pieds sur leurs épaisses gerbes
Ou sur le sable* fin des ruisseaux abondants,
Elle s'arrête et cherche avec des yeux ardents
Quel chemin a suivi, dans les feuilles froissées,
L'homme de la *Peau-Rouge* aux guerres insensées.
Comme la lice[2] errante*, affamée et chassant,
Elle flaire l'odeur du sauvage passant,
Indien, ennemi de sa race Indienne,
Et de qui la famille a massacré la sienne.
Elle écoute, regarde* et respire à la fois

1. Souvenir littéraire venu de Chateaubriand : l'Indienne Celuta traverse l'orage avec son enfant jusqu'à la prison de René, puis, suspendant sa fille à son épaule, s'élance à la poursuite de son mari et passe un pont de lianes (*les Natchez*, chap. LXXI et LXXII); 2. *Lice :* femelle d'un chien de chasse.

QUESTIONS

● VERS 1-26. Quel thème de « la Maison du Berger » (vers 292-293, 316-317) trouve-t-on dans les vers 11-12? — Au vers 15, le mot *désert* désigne-t-il les déserts de sables métaphoriques des « Oracles » ou celui de « la Colère de Samson », mi-réel, mi-symbolique? Quel sens général ce mot prend-il ici? — Quelle valeur Vigny donne-t-il au verbe *accabler* (vers 18)? Rapprochez du vers 19 du « Mont des Oliviers ». — *Urnes* (vers 13), *reposoirs* (vers 20) : à quel registre appartiennent ces mots (rapprochez de « la Maison du Berger », vers 35)? — D'après cette première partie dégagez les caractères de l'exotisme de Vigny. Opposez ce paysage, où la menace grandit (les *reposoirs* s'y *ferment*), à celui de « la Maison du Berger », où la confiance s'établit (les *prisons* s'y *entrouvrent*).

La marche des Hurons sur les feuilles des bois;
Un cri lointain l'effraye, et dans la forêt verte
Elle s'enfonce enfin par une route ouverte*.

Elle sait que les blancs, par le fer et le feu,
Ont troué ces grands bois semés des mains de Dieu,
Et, promenant au loin la flamme qui calcine,
Pour labourer la terre ont brûlé la racine,
L'arbre et les joncs touffus que le fleuve arrosait.
Ces Anglais qu'autrefois sa tribu méprisait
Sont maîtres sur sa terre, et l'Osage[1] indocile
Va chercher leur foyer pour demander asile*.

III

Elle entre en une allée où d'abord elle voit
La barrière d'un parc. — Un chemin large et droit
Conduit à la maison de forme britannique,
Où le bois est cloué dans les angles de brique,
Où le toit invisible entre un double rempart
S'enfonce, où le charbon fume de toute part,
Où tout est clos et sain, où vient blanche et luisante
S'unir à l'ordre froid la propreté décente.
Fermée à l'ennemi, la maison s'ouvre* au jour,
Légère comme un kiosk[2], forte comme une tour.
Le chien de Terre-Neuve y hurle près des portes,
Et des blonds serviteurs les agiles cohortes
S'empressent en silence* aux travaux familiers,

1. Curieux mélange : les *Osages* habitaient l'Arkansas et le Missouri, les Hurons à l'est du lac Huron. Chateaubriand avait donné l'exemple en mêlant Iroquois, Algonquins, Hurons, Acadiens, Virginiens, Paraoustis, Criques, etc., à l'occasion d'un dénombrement homérique (*les Natchez*, chap. LXXIII); 2. *Kiosk :* mot d'origine turque signifiant « pavillon de jardin », à la mode au XVIIIe siècle (orthographe propre à Vigny).

QUESTIONS

● VERS 27-58. Analysez le rythme des vers 27-36 et ses cassures qui font affleurer la prose. Le rôle des enjambements; pourquoi un tel rythme? — Dans les vers 31-37, vous relèverez les éléments de « couleur locale » dont Vigny a parsemé ce texte. D'après les vers 42-46, la guerre serait-elle un signe de primitivité (comparez à « l'Esprit pur », vers 52-53)? — Étudiez, dans les vers 37-50, le suspense dramatique : avez-vous l'impression d'une vraie attente tragique ou d'un roman d'aventures mis en vers? — *Pour labourer* (vers 54); *maîtres* (vers 57) : quel élément essentiel de la pensée sociale de Vigny ces expressions mettent-elles en avant? Montrez que les vers 145-148 apportent la justification morale de ces vers.

Et, les plateaux en main, montent les escaliers.
Deux filles de six ans aux lèvres ingénues
Attachaient des rubans sur leurs épaules nues;
Mais, voyant l'Indienne, elles courent; leur main
L'appelle et l'introduit par le large chemin
Dont elles ont ouvert*, à deux mains, la barrière;
Et caressant déjà la pâle aventurière* :
« As-tu de beaux colliers* d'azaléa pour nous?
Ces mocassins musqués[1], si jolis et si doux,
Que ma mère à ses pieds ne veut d'autre chaussure?
Et les peaux de castor, les a-t-on sans morsure?
Vends-tu le lait des noix et la sagamité[2]?
Le pain anglais n'a pas tant de suavité.
C'est Noël, aujourd'hui; Noël est notre fête,
A nous, enfants; vois-tu? la Bible est déjà prête;
Devant l'orgue ma mère et nos sœurs vont s'asseoir,
Mon frère est sur la porte et mon père au parloir. »

L'Indienne aux grands yeux leur sourit sans répondre,
Regarde* tristement cette maison de Londre[3]
Que le vent malfaiteur apporta dans ses bois,
Au lieu d'y balancer le hamac[4] d'autrefois.
Mais elle entre à grands pas, de cet air calme et grave
Près duquel tout regard* est un regard* d'esclave.

1. « Elle me broda des mocassines *(sic)* de peau de rat musqué, avec du poil de porc-épic » *(Atala)*; 2. *Sagamité* : pâte de maïs (note de Vigny). Mot emprunté, comme *azaléa* (vers 79), à une note d'*Atala*; 3. *Londre* : licence orthographique, nécessaire à la rime pour l'œil; 4. *Hamac* : terme emprunté au « baragouin » des Antilles et francisé au XVIIe siècle.

QUESTIONS

● VERS 59-78. La description des vers 59-68 veut donner une impression de force, d'ordre et de netteté : comment et pourquoi? — La dialectique de la barrière et du chemin (vers 60-61 et 76-77) : que signifie-t-elle? — Le thème de la route : comparez ce *chemin large et droit* (vers 60), comme la *route ouverte* du vers 50, au chemin tracé par les Peaux-Rouges (vers 38 et 41); de quoi leur opposition est-elle le symbole? — Comparez aussi ce sens généreux de la route : *a*) aux chemins égoïstes de « la Maison du Berger » (vers 23, 65, 95, 106, etc.); *b*) aux *sentiers étroits* et *courbes* des « Oracles » (vers 79-80) ainsi qu'au *cercle* et aux *détours* du « Post-Scriptum » (vers 19 et 31).

● VERS 79-88. Relevez les termes exotiques. Expliquez leurs sens et leur rôle.

● VERS 89-94. *Calme et grave* (vers 93) : rapprochez des « Destinées » (vers 120) pour la séquence binaire, et, quant au sens, de « la Bouteille à la mer » (vers 8, 14). Recherchez dans les vers 101-108 des constructions de même valeur. Leur signification.

Le parloir est ouvert*, un pupitre au milieu;
Le Père y lit la Bible à tous les gens du lieu.
Sa femme et ses enfants sont debout et l'écoutent,
Et les chasseurs de daims, que les Hurons redoutent[1],
Défricheurs de forêts et tueurs de bison,
Valets et laboureurs, composent la maison.

Le Maître est jeune et blond, vêtu de noir, sévère
D'aspect, et d'un maintien qui veut qu'on le révère.
L'Anglais-Américain, nomade et protestant,
Pontife en sa maison, y porte, en l'habitant,
Un seul livre, et partout où, pour l'heure, il réside,
De toute question sa papauté décide;
Sa famille est croyante, et, sans autel, il sert,
Prêtre et père à la fois, son Dieu dans un désert*.

Celui qui règne ici d'une façon hautaine
N'a point voulu parer sa maison puritaine;
Mais l'œil trouve un miroir sur les aciers brunis,
La main se réfléchit sur les meubles vernis.
Nul tableau sur les murs ne fait briller l'image
D'un pays merveilleux, d'un grand homme ou d'un sage;
Mais, sous un cristal* pur*, orné d'un noir feston,
Un billet en dix mots qu'écrivit Washington.
Quelques livres rangés, dont le premier, Shakespeare
(Car des deux bords anglais ses deux pieds ont l'empire),
Attendent dans un angle, à leur taille ajusté,
Les lectures du soir et les heures du thé.
Tout est prêt et rangé dans sa juste mesure,
Et la maîtresse, assise au coin d'une embrasure,

1. Mieux que la rivalité des Iroquois et des Hurons que cite Chateaubriand dans *les Natchez*, on aperçoit ici celle des Delawares et des Hurons que décrit Fenimore Cooper dans *le Dernier des Mohicans*. Voir le « Tueur de daims » fameux dans ce roman.

QUESTIONS

● VERS 95-110. Relevez les éléments qui servent dans ces vers à caractériser le puritanisme du colon. Lesquels insistent plus particulièrement sur son caractère d'indépendance absolue? Quelle importance a ce thème chez Vigny? — J. de Maistre écrivait : « Partout où vous verrez un autel, là se trouve la civilisation » (*Soirées de Saint-Pétersbourg*, 2e Entretien, 1802). En quoi, d'après les vers 107-108, la pensée du poète est-elle fidèle à cette idée? En quoi s'en écarte-t-elle et pourquoi?

Phot. Michel Hétier.

MAISON DE STYLE COLONIAL À WILLIAMSBURG, EN VIRGINIE

D'un sourire angélique et d'un doigt gracieux
Fait signe à ses enfants de baisser leurs beaux yeux.

IV

— La sauvage Indienne au milieu d'eux s'avance :
« Salut, maître. Moi, femme, et seule en ta présence,
Je te viens demander asile* en ta maison;
Nourris mes deux enfants; tiens-moi dans ta prison,
Esclave de tes fils et de tes filles blanches,
Car ma tribu n'est plus, et ses dernières branches
Sont mortes. Les Hurons, cette nuit, ont scalpé[1]
Mes frères; mon mari ne s'est point échappé.
Nos hameaux sont brûlés, comme aussi la prairie.
J'ai sauvé mes deux fils à travers la tuerie;
Je n'ai plus de hamac, je n'ai plus de maïs,
Je n'ai plus de parents, je n'ai plus de pays. »
— Elle dit, sans pleurer, et sur le seuil se pose,
Sans que sa ferme voix ajoute aucune chose.

Le Maître, d'un regard* intelligent, humain[2],
Interroge sa femme en lui serrant la main.
« Ma sœur, dit-il ensuite, entre dans ma famille;
Tes pères ne sont plus : que leur dernière fille
Soit sous mon toit solide accueillie, et chez moi
Tes enfants grandiront innocents comme toi;

---

1. *Scalper :* anglicisme, terme fréquent chez F. Cooper. Le scalp (cuir chevelu) apparaît dans la littérature française en 1827 (Chateaubriand); **2.** « Un maître humain et généreux » (*les Natchez*, chap. LXIX).

QUESTIONS

● VERS 111-124. *Miroir, cristal pur* (vers 111-112 et 115) : nous retrouvons ici des images déjà rencontrées. Dans quel poème? Quelle est la valeur symbolique de ces images? — Montrez que ce tableau n'est pas une description, mais un assemblage idéal, ordonné selon une hiérarchie précise, de tous les symboles justificateurs de la colonisation. Commentez chaque symbole.

● Vers 125-138. Le thème de l'asile (vers 127) : voir déjà ce thème au vers 58 et l'image du rempart au vers 63. Rapprochez des « Destinées », vers 27, de « la Maison du Berger », vers 26, 29, 43-47 et 267-269, du « Post-Scriptum », vers 29. Quel besoin fondamental le poète traduit-il par ces images? — Au mot *prison* (vers 128), le colon répondra par celui de *famille* (vers 141) : quelle résonance opposée ces mots ont-ils chez Vigny? — Étudiez les rimes des vers 135-136. Comparez aux rimes des vers 115-116 et 207-208.

Ils apprendront de nous, travailleurs, que la terre
Est sacrée et confère un droit héréditaire
A celui qui la sert de son bras endurci.
Caïn le laboureur a sa revanche ici,
Et le chasseur Abel va, dans ses forêts vides,
Voir errer* et mourir ses familles livides,
Comme des loups perdus qui se mordent entre eux,
Aveuglés par la rage, affamés, malheureux,
Sauvages animaux sans but, sans loi, sans âme*,
Pour avoir dédaigné le Travail de la Femme.

« Hommes à la peau rouge! enfants, qu'avez-vous fait?
Dans l'air d'une maison votre cœur* étouffait,
Vous haïssiez la paix, l'ordre et les lois civiles,
Et la sainte union des peuples dans les villes,
Et vous voilà cernés dans l'anneau* grandissant[1].
C'est la Loi qui sur vous s'avance en vous pressant.
La Loi d'Europe est lourde, impassible et robuste;
Mais son cercle* est divin, car au centre est le Juste[2].
Sur les deux bords des mers* vois-tu de tout côté
S'établir lentement cette grave beauté?
Prudente fée, elle a, dans sa marche cyclique,
Sur chacun de ses pas mis une République.

---

1. « La civilisation à laquelle appartiennent les peuples de l'Europe marche sur le globe terrestre d'Orient en Occident. [...] La civilisation a marché d'Orient en Occident en grandissant à chaque migration », écrit Michel Chevalier (*Lettres sur l'Amérique du Nord*, édition de 1838); **2.** Chateaubriand voyait le christianisme comme « un cercle qui s'étend à mesure que les lumières et la liberté se développent » (*Études historiques*, 1831). Selon V. L. Saulnier, Vigny aurait repris cette image en la laïcisant.

QUESTIONS

● VERS 139-154. *Innocents comme toi* (vers 144) : quand on connaît la théorie des races coupables et de leur punition divine (voir Joseph de Maistre), la question se pose de savoir si Vigny a été fidèle à la pensée de son maître; rapprochez des vers 59-62 du « Mont des Oliviers ». Où situer Vigny entre cet héritage de pessimisme religieux et le naturalisme positif que prônent les « progressifs » de son temps? — D'après les vers 145-154 expliquez les idées de Vigny concernant la propriété de la terre. Serait-il un de ces « partageux » qui pensent que la terre doit être à ceux qui la cultivent? Est-il aristocrate évolué, considérant que, si la terre appartient au « premier possesseur » (« la Mort du Loup », vers 72) et se transmet par droit de famille, elle ne demeure justement possédée que par celui qui la met en valeur (Vigny au Maine-Giraud par exemple)? Clarifiez sa pensée en vous reportant aussi aux vers 175-183. — Commentez l'opposition Caïn-Abel (vers 148-149) et ses prolongements symboliques.

Elle dit, en fondant chaque neuve cité :
« Vous m'appelez la Loi, je suis la Liberté*. »
Sur le haut des grands monts, sur toutes les collines,
De la Louisiane aux deux sœurs Carolines[1],
L'œil de l'Européen qui l'aime et la connaît
Sait voir planer, de loin, sa pique et son bonnet,
Son bonnet phrygien, cette pourpre où s'attache,
Pour abattre les bois, une puissante hache.
Moi, simple pionnier, au nom de la Raison,
J'ai planté cette pique au seuil de ma maison,
Et j'ai, tout au milieu des forêts inconnues,
Avec ce fer de hache ouvert* des avenues;
Mes fils, puis, après eux, leurs fils et leurs neveux
Faucheront tout le reste avec leurs bras nerveux,
Et la terre où je suis doit être aussi leur terre :
Car de la sainte Loi tel est le caractère
Qu'elle a de la Nature interprété les cris.
Tourne sur tes enfants tes grands yeux attendris,
Ma sœur, et sur ton sein. Cherche bien si la vie
Y coule pour toi seule. Es-tu donc assouvie
Quand brille la santé sur ton front triomphant?
Que dit le sein fécond de la mère à l'enfant?
Que disent en courant les veines azurées,
Que disent en tombant les gouttes épurées?
Que dit le cœur* qui bat et les pousse à grands flots*?
— Ah! le sein et le cœur*, dans leurs divins sanglots
Où les soupirs d'amour aux douleurs se confondent,
Aux morsures d'enfant le cœur*, le sein répondent :
« A toi mon âme*, à toi ma vie, à toi mon sang[2],

1. La Caroline du Nord et la Caroline du Sud, deux États de la Confédération; 2. Dans l'ébauche de décembre 1839, on trouve cette esquisse : « Poème : *le Sein de la mère* (à un saint-simonien) : à toi est mon sang, à toi est ma chair, à toi est ma vie, à toi est mon âme (disent le sein et le cœur à l'enfant). » [B. N., n. a. f., 24984.]

QUESTIONS

● VERS 155-175. Vigny accuse les sauvages d'une faute; mais ce n'est pas Dieu qui punit, c'est l'Histoire. Montrez que de « la Mort du Loup » (1838) à « la Sauvage » (1843) Vigny a voulu décrire une évolution et non une contradiction. — Les vers 161-168 forment le centre idéologique du poème. Le colonialisme de Vigny y puise sa justification. Montrez-le en étudiant le sens des mots essentiels et la valeur des images. — *Au nom de la Raison* (vers 175), principe premier de civilisation : dans quel courant Vigny le Juste se situe-t-il ainsi? Rapprochez des « Oracles », vers 44 et 50.

« Qui du cœur* de ma mère au fond du tien descend,
« Et n'a passé par moi, par mes chastes* mamelles,
« Qu 'issu duphiltre pur* des sources maternelles;
« Que tout ce qui fut mien soit tien, ainsi que lui! »

. . . .

« Oui! » dit la blonde Anglaise en l'interrompant. — « Oui! »
Répéta l'Indienne en offrant le breuvage
De son sein nu et brun à son enfant sauvage,
Tandis que l'autre fils lui tendait ses deux bras.
« Sois donc notre convive, avec nous tu vivras,
Poursuivit le jeune homme, et peut-être, chrétienne
Un jour, ma forte loi, femme, sera la tienne,
Et tu célébreras avec nous, tes amis,
La fête de Noël au foyer de tes fils. »

1843.

QUESTIONS

● VERS 176-208. Relevez dans les vers 173-178 les symboles républicains et pionniers. Expliquez chacun d'eux. — Hérédité et loi naturelle (vers 179-183) : commentez ces vers en dégageant les éléments traditionnels sur lesquels Vigny appuie sa pensée. — Dites en quoi tout ce tableau et ce dialogue paraissent ridicules, pris au pied de la lettre. Quelles raisons trouvez-vous à l'origine de cette impression? Quelles significations faut-il découvrir au-delà des métaphores, si l'on interprète la mère comme la loi naturelle primordiale de l'humanité?

■ SUR L'ENSEMBLE DE « LA SAUVAGE ». — Montrez que, dans ce poème et, en particulier, dans le discours du colon et le tableau idyllique final, Vigny veut traduire son idéal et non peindre une réalité. Il s'agit d'une *utopie* sociale, dans la tradition de l'*Utopia* de Th. Moore. Le *Télémaque* de Fénelon, le *Gulliver* de Swift ou, beaucoup plus récemment, le *Voyage en Icarie* de Cabet (1840) en avaient donné l'exemple.

— Commentez ce poème d'après cette note de Vigny : « Tout le travail de l'humanité qui fermente est le combat de l'ordre contre la liberté. Elle marche vers leur accord. Le désir de l'être isolé est la liberté; le désir de l'être social est l'ordre, par besoin de protection. L'empire toujours croissant de l'intelligence amènera la société à ce point que nul désir de liberté ne soit gêné et que l'ordre l'assure invariablement. »

Phot. Larousse.

MARIE DORVAL
Lithographie de Pierre Vigneron.

LA COLÈRE DE SAMSON

1838 : époque des ruptures, « poèmes du retirement ». Marie Dorval, l'actrice admirée en 1830 au théâtre de la Porte-Saint-Martin et rencontrée au café des Variétés par la grâce d'A. Dumas, aimée l'année suivante et pendant sept années, n'a cessé de jouer comédie et drame jusque dans sa vie, riant le matin des larmes du soir. « Vous rappelez-vous son beau rire? », écrira, à sa mort, Vigny à Janin. Dans leur petit appartement de la rue Montaigne, il l'installe en 1832 pour la sauver de son entourage. En vain. Avant même le triomphe de Kitty Bell, ce sont les tournées en province, de plus en plus longues (celle de 1836 dure un an), les liaisons (Mélingue, Sandeau), les jalousies (Julia Battlegang), les crises d'indépendance sous l'influence de la « femme-auteur », la « femme mâle » contre laquelle le poète peste dans son *Journal* : « Oh! femme qui t'es faite homme, tu es perdue. » Écoutons d'ailleurs George Sand parler de Marie Dorval : « Quand cette femme paraît sur la scène avec sa taille brisée, sa marche nonchalante, son regard triste et pénétrant, alors savez-vous ce que j'imagine? Il me semble que je vois mon âme. »

Le 17 juin 1838, Marie Dorval ferme sa porte à Vigny. Le 19 juin, Vigny trace en lettres grecques sur un feuillet « Rupture ». Le 22 : réconciliation provisoire. Le double adultère se continue par compromis jusqu'en septembre. Vigny condamne sa porte à son tour. Fin septembre, le voici réfugié au Maine-Giraud avec Lydia, dont la gaieté revient « avec la paix de la campagne ». 6 octobre : « Tout est fini, écrit le poète. La solitude m'a toujours rendu toutes mes forces. » Il va désormais tendre sa volonté à rendre la rupture définitive. A la mort de son beau-père, apprise le 7 novembre, il fuit en Angleterre.

Cette crise de 1838 n'est pas l'unique source de « la Colère de Samson », mais le nom de Marie Dorval se lit, « bien gravé », « sous les eaux ».

Vigny note en 1832 : « Dalila : symbole. » Il menace déjà : « Toi, amour de l'âme, amour passionné, tu ne pourras rien pardonner. » L'année suivante, c'est sous les traits de La Fornarina qu'il envisage la trahison féminine. Il revient à Dalila en novembre 1835 : « O symbole redoutable de la femme, maîtresse perfide qui livre à ses ennemis celui qui l'aimait. » Un projet de poème de 1838 montre Milon de Crotone puni d'avoir voulu se jouer du chêne comme la femme du poète : « O femme méchante! ton esprit est pareil à ce Milon. Sans pitié il déchirait le chêne pour se jouer. Mais cet arbre sait bien qu'on l'appelle le chêne, et qu'il est le plus grand des arbres de nos bois. Il sait cela et s'est vengé. » Au cours d'un retour vers le Maine-Giraud, Vigny ébauche le poème en prose, à Tours, le 17 novembre 1838, sous le titre de « Dalila ». Il l'achèvera en Angleterre, dans la famille Bunbury, après quelques tâtonnements de mise en vers en décembre 1838 et en mars 1839 : « Les compositions comme les miennes sont d'une extrême difficulté. Depuis longtemps j'avais le sentiment de la conception de ce poème dans la tête, mais le dessin ne me satisfaisait pas. En voyageant et en passant à Tours, j'ai écrit dans une auberge, au mois de décembre, une esquisse en prose dont le mouvement était bien jeté. Je l'ai crayonnée et je l'ai oubliée en portefeuille... Hier, ici, j'ai pris la toile et je l'ai peinte en deux jours » (*Journal*, 7 avril 1839). Peut-être n'a-t-il fallu que deux jours pour ce tableau, mais ce sont des années de passion et de déceptions qui en ont déterminé les couleurs.

Que le poète ait attendu une demi-année avant d'écrire, rien de plus normal. Ne notait-il pas en 1830 : « J'ai toujours eu un tel effroi du présent et du réel dans ma vie que je n'ai jamais représenté par l'art une émotion douloureuse ou ravissante dans le temps même que je l'éprouvais, cherchant à fuir dans le ciel de la poésie cette terre dont les ronces m'ont à chaque pas déchiré les pieds trop délicats peut-être et trop faciles à faire saigner »? Respect de soi-même? Certainement. Le poème ne sera pas publié du vivant de l'auteur; *la Revue des Deux Mondes* s'en chargera **au début de 1864.** C'est la même pudeur qui l'oblige à transposer son propre drame en symbole et à chercher dans la Bible le support universel dont il a besoin. Certes, au départ de cette quête de l'image, il y a une ressemblance. Vigny décrit Marie Dorval ainsi : « Elle était là, accroupie comme une femme de l'Orient » (1838). On dirait le tableau des *Femmes d'Alger* peint par Delacroix, à défaut de celui de Mantegna, qu'il n'a peut-être pas vu chez lady Blessington, comme on l'a supposé. On dirait surtout *l'Alméh*, chapitre I, dont plusieurs fragments sont publiés dans *la Revue des Deux Mondes* de 1831. Tous les thèmes orientaux de « la Colère de Samson », ainsi que « les pays muets » ou l'Éva « mollement couchée » de « la Maison du Berger », sont déjà là : « Une terre inégale et blanchâtre, sans l'éclat de la neige, mais ondulée comme elle, s'étendait jusqu'à l'horizon comme une nappe immense dont rien ne rompait la triste uniformité. [...] Une petite lumière rougeâtre brillait sur le sable; elle éclairait l'intérieur d'une tente arabe plantée sur quatre piquets et couverte de peaux de chèvre. Ce toit nomade s'appuyait contre la base immortelle et pesante de la statue de Memnon et s'élevait à peine à la moitié de son piédestal; les deux pieds réunis du colosse paraissaient comme un double dôme sur la tente qu'ils ombrageaient. [...] Une jeune fille, d'environ quatorze ans, était si mollement couchée qu'on l'aurait crue endormie. [...] Tout son costume avait une forme voluptueuse et négligée, par on ne sait quel mélange de luxe oriental et de misère sauvage. [...] L'intérieur de cette petite demeure était éclairé par un œuf d'autruche suspendu au sommet de la tente et rempli à demi d'une huile odoriférante. A peine la jeune Arabe eut-elle aperçu un homme à l'entrée de la tente, qu'elle se leva comme une gazelle blessée. »

A ces brouillons en prose, Vigny ajoutera passion et tristesse. Le Samson de la Bible, héros populaire si humoristique à bien des égards, devient grave, et sa force traduit sa pensée. Milton a sans doute influencé Vigny pour cette mutation. A la fin du troisième acte du *Samson agonistes* de 1671, le chœur chante la puissance de la beauté et dit combien la femme est décevante. La leçon essentielle que Vigny ait retenue de Milton est cette opposition que le poète anglais met en drame entre *virtue* et *weakness*, la volonté virile, seule capable de salut, et la faiblesse, source des facilités sensuelles et des perditions. Il est vrai que le Samson anglais, au bout d'une longue suite d'épreuves purificatrices, se dresse d'une stature plus haute et victorieuse que celui de Vigny, qui n'aspire qu'à la mort; mais, au fond, la leçon humaine reste la même : stoïcisme et fierté. L'homme se doit d'être « grand » jusqu'au bout, malgré les assauts du monde. « La Mort du Loup » venait de le dire.

LA COLÈRE DE SAMSON

Le désert* est muet*, la tente est solitaire.
Quel pasteur courageux la dressa sur la terre
Du sable* et des lions? — La nuit n'a pas calmé
La fournaise du jour dont l'air est enflammé.
Un vent léger s'élève à l'horizon et ride
Les flots* de la poussière ainsi qu'un lac limpide.
Le lin blanc de la tente est bercé mollement;
L'œuf d'autruche, allumé, veille paisiblement,
Des voyageurs* voilés intérieure étoile,
Et jette longuement deux ombres sur la toile.

L'une est grande et superbe, et l'autre est à ses pieds :
C'est Dalila l'esclave, et ses bras sont liés
Aux genoux réunis du maître jeune et grave

QUESTIONS

● VERS 1-10. Commentez la perfection picturale et musicale de cette ouverture : pureté des images, rythmes (valeur des rejets des vers 2, 3 et 5, du mouvement des vers 8-10), allitérations, rôle des adverbes de manière, etc. — De quelle atmosphère symbolique certains mots sont-ils imprégnés : *désert* et *sable*, *lions*, *pasteur*, *poussière*, *tente*, *voyageurs?* — Quelle opposition habituelle à l'auteur l'antithèse du *lion* et du *sable* traduit-elle?

● VERS 11-14. Comment, dans les attitudes et les termes, se manifeste l'opposition de l'homme et de la femme? Opposez les vers 12-13 aux vers 15-26. Rapprochez des vers 237-238 de « la Maison du Berger » : quel est leur thème commun?

Dont la force divine[1] obéit à l'esclave.
Comme un doux léopard elle est souple, et répand
Ses cheveux dénoués aux pieds de son amant.
Ses grands yeux, entr'ouverts* comme s'ouvre* l'amande
Sont brûlants du plaisir que son regard* demande,
Et jettent, par éclats, leurs mobiles lueurs.

Ses bras fins tout mouillés de tièdes sueurs,
Ses pieds voluptueux qui sont croisés sous elle,
Ses flancs, plus élancés que ceux de la gazelle,
Pressés de bracelets, d'anneaux, de boucles d'or,
Sont bruns, et, comme il sied aux filles de Hatsor[2],
Ses deux seins, tout chargés d'amulettes anciennes,
Sont chastement* pressés d'étoffes syriennes.

Les genoux de Samson fortement sont unis[3]
Comme les deux genoux du colosse Anubis[4].
Elle s'endort sans force et riante et bercée
Par la puissante main sous sa tête placée.
Lui, murmure ce chant funèbre et douloureux
Prononcé dans la gorge avec des mots hébreux.
Elle ne comprend pas la parole étrangère,
Mais le chant verse un somme en sa tête légère.

« Une lutte éternelle en tout temps, en tout lieu,
Se livre sur la terre, en présence de Dieu,

---

1. Thème biblique du naziréat : Samson, nazir (« voué à Dieu »), s'est engagé à ne pas couper sa chevelure. En échange, Dieu fait agir en lui sa force (voir Nombres, VI, 5; Juges, XVI, 17); 2. *Hatsor :* ville de Canaan, capitale des ennemis d'Israël (Juges, IV, 2); 3. Attitude des statues égyptiennes; la galerie du Louvre avait été ouverte en 1827; 4. *Anubis :* dieu égyptien à corps d'homme et à tête de chacal.

QUESTIONS

● VERS 15-26. Étudiez ce portrait : son inspiration orientale (voir le Cantique des cantiques et comparez aux vers 239-242 de « la Maison du Berger »); les caractères de la sensualité qui s'y révèle; les thèmes féminins et antiféminins qui s'y expriment (comparez à Éloa et à Éva, à Kitty Bell aussi); l'art du peintre et du poète.

● VERS 27-34. Montrez, d'après les oppositions du vocabulaire, des sonorités et du rythme, que l'homme, pour Vigny, est force, et la femme légèreté. Que recouvre cette opposition? — Pourquoi Samson, *pasteur solitaire* (vers 1-3), est-il ainsi « étranger » à Dalila et incompris d'elle? Dalila n'est-elle pas, au-delà du symbole de la femme, le symbole de toutes les trahisons de l'humanité?

Entre la bonté d'Homme et la ruse de Femme[1],
Car la femme est un être impur* de corps et d'âme*.

« L'Homme a toujours besoin de caresse et d'amour;
Sa mère l'en abreuve alors qu'il vient au jour,
Et ce bras le premier l'engourdit, le balance
Et lui donne un désir d'amour et d'indolence.
Troublé dans l'action, troublé dans le dessein,
Il rêvera partout à la chaleur du sein,
Aux chansons de la nuit, aux baisers de l'aurore,
A la lèvre de feu que sa lèvre dévore,
Aux cheveux dénoués qui roulent sur son front,
Et les regrets du lit, en marchant, le suivront.
Il ira dans la ville et, là, les vierges folles[2]
Le prendront dans leurs lacs[3] aux premières paroles.
Plus fort il sera né, mieux il sera vaincu,
Car plus le fleuve est grand et plus il est ému.
Quand le combat que Dieu fit pour la créature
Et contre son semblable et contre la Nature
Force l'Homme à chercher un sein où reposer,
Quand ses yeux sont en pleurs, il lui faut un baiser.
Mais il n'a pas encor fini toute sa tâche :
Vient un autre combat plus secret, traître et lâche;
Sous son bras, sur son cœur* se livre celui-là;
Et, plus ou moins, la Femme est toujours DALILA.

« Elle rit et triomphe; en sa froideur savante[4],
Au milieu de ses sœurs elle attend et se vante

1. Mme de Staël : « Tant qu'il ne se fera pas dans les idées une révolution quelconque qui change l'opinion des hommes sur la constance que leur impose le lien du mariage, il y aura toujours guerre entre les deux sexes, guerre secrète, éternelle, rusée, perfide » (*De l'Allemagne*, III, XIX). Vigny se souvient aussi de Shakespeare et d'*Othello;* 2. Évangile selon saint Matthieu, XXV, 1-9; 3. « Dans son trouble il suit l'étrangère [...] tel un cerf qui se prend au lacet [...], tel l'oiseau qui se jette dans le filet » (Proverbes, VII); 4. Note du *Journal* à propos de Marie Dorval : « C'est une tête qui fait semblant d'être un cœur [...]. C'est un froid calcul qui allume toutes ces flammes en vous » (1838).

QUESTIONS

● VERS 35-38. Analysez de près le rythme de ces vers et l'utilisation des consonnes dentales, puis de leur disparition. Que traduisent ce martèlement, puis ce glissement?

● VERS 39-60. Force et faiblesse chez l'homme : analysez les traits de ces deux caractéristiques ici. Sont-elles antithétiques seulement (vers 51-52)? — L'utilisation des souvenirs littéraires et bibliques dans ce passage. — Expliquez la formule du vers 60.

De ne rien éprouver des atteintes du feu.
A sa plus belle amie[1] elle en a fait l'aveu :
Elle se fait aimer sans aimer elle-même[2];
Un maître lui fait peur. C'est le plaisir qu'elle aime ;
L'Homme est rude et le prend sans savoir le donner.
Un sacrifice illustre et fait pour étonner
Rehausse mieux que l'or, aux yeux de ses pareilles,
La beauté qui produit tant d'étranges merveilles
Et d'un sang précieux sait arroser ses pas.

— Donc, ce que j'ai voulu, Seigneur, n'existe pas ! —
Celle à qui va l'amour et de qui vient la vie,
Celle-là, par Orgueil, se fait notre ennemie.
La Femme est, à présent, pire que dans ces temps
Où, voyant les humains, Dieu dit : « Je me repens[3] ! »
Bientôt, se retirant dans un hideux royaume,
La Femme aura Gomorrhe et l'Homme aura Sodome[4] :
Et, se jetant, de loin, un regard* irrité,
Les deux sexes mourront chacun de son côté.

« Éternel ! Dieu des forts ! vous savez que mon âme*
N'avait pour aliment que l'amour d'une femme,
Puisant dans l'amour seul plus de sainte vigueur
Que mes cheveux divins n'en donnaient à mon cœur*[5].
— Jugez-nous. — La voilà sur mes pieds endormie.
Trois fois elle a vendu mes secrets et ma vie,
Et trois fois a versé des pleurs fallacieux[6]

---

1. Allusion probable à George Sand, amie de Marie Dorval; 2. « La femme est froide et réfléchie. Elle sait comme il faut faire attendre ses voluptés [...] et sait se faire aimer sans aimer elle-même » (1838); 3. « Yahvé se repentit d'avoir fait l'homme sur la Terre » (Genèse, VI, 6); 4. Villes pécheresses, maudites par Dieu, qui fit pleuvoir sur elles le soufre et le feu de sa justice (Genèse, XIX); 5. « Si l'on me rasait la tête, toute ma force se retirerait de moi, je perdrais ma vigueur » (Juges, XVI, 17); 6. Samson avait donné trois fausses explications de l'origine de sa force. « Voilà trois fois que tu te joues de moi », lui reprochait Dalila (Juges, XVI, 15).

QUESTIONS

● VERS 61-80. Au-delà du rire de Marie Dorval et de ses triomphes de comédienne, quelle accusation Vigny porte-t-il (vers 61-63) contre la femme? Les ruses du rythme et des mots dans ces trois vers : commentez l'art du poète. — Analysez de près les mouvements contrastés et la beauté musicale des vers 65-67. — Comment Vigny innocente-t-il l'homme (vers 53-74) ? Quels sont, pour lui, les responsables de cet échec de l'amour? Comment les recherches littéraires, voisines de clichés néo-classiques, retrouvent-elles ici une valeur concrète?

Qui n'ont pu me cacher* la rage de ses yeux,
Honteuse qu'elle était plus encor qu'étonnée
De se voir découverte ensemble et pardonnée :
Car la bonté de l'Homme est forte, et sa douceur
Écrase, en l'absolvant, l'être faible et menteur.

« Mais enfin je suis las[1]. J'ai l'âme* si pesante,
Que mon corps gigantesque et ma tête puissante
Qui soutiennent le poids des colonnes d'airain
Ne la peuvent porter avec tout son chagrin.
Toujours voir serpenter la vipère dorée[2]
Qui se traîne en sa fange et s'y croit ignorée;
Toujours ce compagnon dont le cœur* n'est pas sûr,
La Femme, enfant malade et douze fois impur*[3]!
Toujours mettre sa force à garder sa colère
Dans son cœur* offensé, comme en un sanctuaire
D'où le feu s'échappant irait tout dévorer,
Interdire à ses yeux de voir ou de pleurer,
C'est trop! Dieu, s'il le veut, peut balayer ma cendre.
J'ai donné mon secret, Dalila va le vendre.
Qu'ils seront beaux, les pieds de celui qui viendra[4]
Pour m'annoncer la mort! — Ce qui sera, sera[5]! »

---

1. « Il fut las jusqu'à en mourir » (Juges, XVI, 16); 2. Cette image revient souvent chez Milton, appliquée à Dalila (*snake*, serpent, vipère) : « Un vrai serpent par son dard, découvert à la fin, jusqu'à présent caché » *(Samson Agonistes)*; 3. Lévitique, XV, 19-30; 4. « Qu'ils sont beaux, les pieds des messagers de bonnes nouvelles » (Paul, Épître aux Romains, 10-15, reprenant Isaïe, LII, 7); 5. *Roméo et Juliette*, IV, I.

QUESTIONS

● VERS 81-108. Vigny reprend le thème du naziréat; mais il ajoute à ce thème la distinction capitale pour lui entre la force divine et celle que donne l'amour humain : montrez comment il prend ainsi le contre-pied des louanges bibliques de la vigueur due à Dieu. — Expliquez l'expression *Dieu des forts!* (vers 81) dans un tel contexte. N'y a-t-il pas chez Vigny une laïcisation fréquente de thèmes et de mots bibliques? — Les adjectifs *sainte* (vers 83) et *divins* (vers 84) caractérisent ces deux « vigueurs » : rapprochez de « la Sauvage », vers 158, du « Mont des Oliviers », vers 131, de « la Bouteille à la mer », vers 180, de « la Maison du Berger », vers 262 et 298. Quel est le sens que Vigny confère à ces adjectifs? — Analysez dans les vers 97-105 la montée du pathétique. — Vers 107-108 : sur son dernier manuscrit de « la Colère de Samson », Vigny avait d'abord recopié « J'adorerai les pieds... » : que pensez-vous de la correction?

Il dit, et s'endormit près d'elle jusqu'à l'heure
Où les guerriers, tremblants d'être dans sa demeure,
Payant au poids de l'or chacun de ses cheveux,
Attachèrent ses mains et brûlèrent ses yeux,
Le traînèrent sanglant et chargé d'une chaîne[1]
Que douze grands taureaux ne tiraient qu'avec peine,
Le placèrent debout, silencieusement*,
Devant Dagon[2], leur Dieu, qui gémit sourdement
Et deux fois, en tournant, recula sur sa base
Et fit pâlir deux fois ses prêtres en extase,
Allumèrent l'encens, dressèrent un festin
Dont le bruit s'entendait du mont le plus lointain,
Et près de la génisse aux pieds du Dieu tuée
Placèrent Dalila, pâle prostituée,
Couronnée*, adorée et reine du repas,
Mais tremblante et disant : « IL NE ME VERRA PAS ! »

Terre et Ciel ! avez-vous tressailli d'allégresse
Lorsque vous avez vu la menteuse maîtresse
Suivre d'un œil hagard les yeux tachés de sang
Qui cherchaient le soleil d'un regard* impuissant ?
Et quand enfin Samson, secouant les colonnes
Qui faisaient le soutien des immenses Pylônes[3],

---

1. « Elle avait des gens embusqués dans sa chambre » (Juges, XVI, 9 et 12). « Les Philistins vinrent chez elle l'argent en main » (XVI, 18). « Ils se saisirent de lui, ils lui crevèrent les yeux. [...] Ils l'enchaînèrent avec une double chaîne d'airain » (XVI, 21); 2. *Dagon :* dieu palestinien de la Fertilité, adopté par les Philistins (Samuel I, V, 1-5). « Les princes des Philistins se réunirent pour offrir un grand sacrifice à Dagon, leur dieu, et se livrer à des réjouissances. [...] On fit venir Samson de la prison, il fit des jeux devant eux, puis on le plaça debout entre les colonnes » (Juges, XVI, 23-25); 3. *Pylône :* « Nom grec, qui a été depuis longtemps adopté pour représenter à la pensée ces sortes d'arcs de triomphe dont le sommet est une terrasse et les piliers de larges obélisques » (note de Vigny).

QUESTIONS

● VERS 109-132. Si l'on compare ce passage au chapitre XVI des Juges et aux récits du dernier acte de *Samson Agonistes* de Milton, on peut apprécier chez Vigny l'art du raccourci dramatique : montrez-le. Dans ces mêmes vers, le poète a ajouté des inventions et des notations personnelles : lesquelles ? Pourquoi ? Analysez le rythme (accents, coupes et rejets) des vers 121-124. Pourquoi ce court passage, dû à l'invention du poète, ne détonne-t-il pas dans le contexte ?

Phot. Larousse.

SAMSON TOURNANT LA MEULE
Tableau d'Alexandre Decamps (1803-1860).

Écrasa d'un seul coup, sous les débris mortels,
Ses trois mille ennemis, leurs dieux et leurs autels[1]?

Terre et Ciel! punissez par de telles justices
La trahison ourdie en des amours factices,
Et la délation du secret de nos cœurs*
Arraché dans nos bras par des baisers menteurs!

Écrit à Shavington (Angleterre), 7 avril 1839.

---

1. « Samson tâta les deux colonnes du milieu sur lesquelles reposait l'édifice, il s'arc-bouta contre elles, contre l'une avec son bras droit, contre l'autre avec son bras gauche, et il s'écria : « Que je périsse avec les Philistins! » Il poussa de toutes ses forces, et l'édifice s'écroula sur les princes et sur tout le peuple » (Juges, XVI, 29-30).

QUESTIONS

● VERS 133-135. Étudiez le ton et le rythme de ces vers. — Que pensez-vous de cet appel final aux vengeances du destin?

■ SUR L'ENSEMBLE DE « LA COLÈRE DE SAMSON ». — Comparez Éva et Dalila.

— Expliquez ce jugement de Sainte-Beuve sur « la Colère de Samson » : « La forme est idéale toujours, mais le vase porte, cette fois, les marques de la flamme. »

LA MORT DU LOUP

Première œuvre achevée du cycle du « désespoir » et du « retirement », « la Mort du Loup » est le plus ancien des poèmes des *Destinées*. Certes c'est en 1843 seulement qu'il parut dans *la Revue des Deux Mondes*, à l'occasion de la campagne académique de l'écrivain. Mais nous savons qu'il était écrit et, plus encore, médité depuis longtemps. En vue de *Servitude et grandeur militaires*, Vigny notait en 1832 : « J'aime ceux qui se résignent sans gémir et portent bien leur fardeau. » Stoïcisme de Vigny : sa constante majeure, l'axe moral de son attitude face à la vie. « Souffre et abstiens-toi » : il aimera à rappeler dans ses lettres cette maxime d'Épictète.

Naissance du thème-image : en 1824, un fragment cité par F. Baldensperger célèbre la liberté sauvage des loups pyrénéens.

En 1836, un projet s'intitule déjà « la Mort du Loup », mais il s'agit d'un chapitre d'un roman sur la chouannerie dont le héros se laisse fusiller dans un silence héroïque. La fable animale viendra peu à peu s'intégrer à l'idée et se transformer en symbole. « Le loup sait mourir en silence, écrivait Byron. [...] Si des animaux d'un naturel ignoble et sauvage souffrent avec résignation, ne pourrions-nous pas, nous, formés d'un limon plus noble, braver les malheurs de la vie? » (*Childe Harold*, IV.) Byron propose à Vigny bien d'autres modèles, tel ce chameau qui porte son fardeau sans se plaindre, ou ce taureau (de *Childe Harold* encore) qui meurt dans l'arène sans un gémissement. Malgré le choix d'un héros plus digne des brandes[1] de ses aïeux, Vigny écrit sous cette influence de Byron. « Sur ton âme, Manfred, mon âme pèsera, avec un pouvoir et un signe redoutable », cite-t-il pour lui-même, en anglais, dans un article du *Conservateur littéraire* de 1820. On retrouve dans « la Mort du Loup » ce « désespoir » qui « afflige l'âme sans la dessécher » dont il parle à cette époque en commentant les *Œuvres complètes* de son modèle. Deux notes du *Journal* nous apprennent, dix-huit ans plus tard, que le 30 et le 31 octobre la rédaction du poème est bien avancée.

Né sous le signe d'un maître du pessimisme héroïque, ce poème n'en est pas moins en 1838 l'expression très personnelle des chagrins récents. « Tant de choses m'oppressent que je ne dis jamais, écrira Vigny à M. de La Grange. C'est une saignée pour moi que d'écrire quelque chose comme « la Mort du Loup » (1843). Si cette année 1843 a bien vu le poète mettre une dernière main à son œuvre, c'est en 1838, lors de sa retraite provisoire au Maine-Giraud, que Vigny s'efforce, en écrivant, de dépasser les désespoirs de sa vie. Amertumes anciennes : il a quitté l'armée et ses rêves de gloire en 1824; six ans plus tard, il a vu son roi chassé, son rival triompher au théâtre. Chagrins récents surtout : sa mère est morte le 21 décembre

1. *Brandes* (terme poitevin) : terme général désignant les végétaux (ajoncs, genêts, etc.) qui poussent dans les sous-bois.

de l'année précédente; Marie Dorval l'a trahi sans rémission possible. Par Tours et Angoulême, en septembre 1838, il rentre au vieux manoir, où il retrouve avec Lydia le « Silence des rochers, des vieux bois et des plaines » *(Journal).*

« La Mort du Loup », c'est d'abord cette méditation du Maine-Giraud. On en découvre le paysage : bois et bruyères, que chantera « la Maison du Berger », tours solitaires, sapins et chênes, « roulis aérien des nuages de mer ». « Je suis chez moi depuis huit jours avec Mme de Vigny, écrit le poète à Ph. Busoni, dans un vieux manoir au milieu des rochers et des bois. J'y rêve et j'y écris même quelque chose de ces rêves. » Les orages de novembre que signalent des notes d'agendas sont là. Il n'est pas jusqu'à la girouette du domaine — laquelle portait, découpées, les initiales du poète — qui ne soit évoquée au vers 12.

L'œuvre serait-elle née d'une chasse réelle, du souvenir transposé d' « une battue récente à laquelle il assistait » (V. L. Saulnier)? Vigny note sur un brouillon l'introduction en prose suivante : « Regarde ce qu'hier j'ai vu (c'était) en France, au milieu des bruyères que tu aimes et près du vieux château qui t'est cher. » Serait-ce donc une méditation sur une « chasse à traquer », décrite dans les règles de l'art? On a fait justice de cette fable. Piètres chasseurs à la traque, en effet, que ce groupe de quatre hommes qui s'enfonce dans la forêt droit devant lui, à pied, cachant les fusils et préparant déjà les couteaux. Chasse imaginaire plutôt, mêlée de récits paternels écoutés jadis, « atmosphère de coup de main nocturne et silencieux » (F. Germain) : symbolisation du traquage des derniers grands fauves, les poètes.

Car ce Loup à majuscule, c'est Chatterton. Le cercle du monde moderne, armé et menaçant, se resserre autour de lui. La meute est à ses trousses, comme la torche de Judas suit le Christ. Il n'y a pas d'autre issue que mourir en héros. « J'ai voulu montrer l'homme spiritualiste étouffé par une société matérialiste », écrit Vigny en 1834 *(Dernière Nuit de travail).*

Mais ce Loup, c'est aussi la Sauvage. On a souvent opposé les deux poèmes. Quelle commune mesure entre cette « loi d'Europe », si vantée, et ce « pacte des villes », où s'aliène toute indépendance? La contradiction semble flagrante. Laissons Vigny s'expliquer. L'homme, pour lui, est déchiré entre deux désirs contraires : « Le désir de l'être isolé est la liberté, le désir de l'être social est l'ordre par besoin de protection » (*Journal*, 1829). Comment incarner cette double postulation? « Premier possesseur », le Loup représente, avec son idéal moral intransigeant (et dont il faut sauver les valeurs), un état social condamné par la marche du temps. C'était déjà Cinq-Mars dépossédé face à Richelieu. Leur refus de pactiser ne leur laisse le choix qu'entre la mort immédiate ou la décadence (cette dégénérescence des « hommes à la peau rouge » que Vigny a lue chez Joseph de Maistre).

Dans « la Sauvage », Vigny tire les enseignements de l'Histoire : il s'agit de garder la leçon héroïque (ne pas devenir esclave, rester juste, ni gémir ni prier) au sein même du troupeau des hommes. La « loi d'Europe », c'est la foi en l'avenir. Entre l'épopée féodale de « la Mort du Loup » et l'utopie paternaliste de « la Sauvage », il n'y a que ces cinq ans de méditation dont « la Maison du Berger » sera l'image fidèle, avec son alternance du Refuge et de la Mission. Saint-simonien en esprit, mais patriarche à vignobles en réalité, l'aristocrate-poète ne s'est pas renié; ces trois poèmes ont la même racine : vérité de l'élite, morale de maître. La « Raison », c'est la « Justice » devenue réaliste.

« La Mort du Loup » n'est donc pas le dernier moment de l'anarchisme de *Stello* (P. Flottes), mais le bilan des grandeurs à assumer pour que la dignité humaine ne se perde pas. Vigny écrit à Camilla Maulnoir, en dédiant son poème à la France : « *Surge!* » (1843).

Point de départ, « la Mort du Loup » est aussi, dans l'élaboration des *Destinées*, comme la première étape de la reconquête antijanséniste de soi. Au fatalisme s'oppose un refus, au « sort » la « tâche ». Ainsi le Docteur Noir préférait les dédaigneux aux « larmoyeurs » et aux « haïsseurs ». Et même la révolte, dont « la Colère de Samson » est le signe, n'est pas loin. « J'ai honte de nous » n'est que la première étape de la méditation qui conduira à « l'Esprit pur ». Ce serait donc un contresens de voir le poème comme le chant de la résignation, le point d'arrivée de l'ultime renoncement. Point de départ plutôt, mais d'une courbe ascendante. « Mon âme et ma destinée seront toujours en contradiction. C'était écrit », mentionne le *Journal* en novembre 1838 : point le plus bas des *Destinées*. Il en sortira cette suite rigoureuse de refus et d'idéaux qui jalonneront toute l'avancée du recueil. C'est ainsi que le poète dépassera le stade de l'abstention pour celui de l'action. Il s'agissait d'abord de refuser les larmes.

LA MORT DU LOUP

I

Les nuages couraient sur la lune enflammée
Comme sur l'incendie on voit fuir la fumée,
Et les bois étaient noirs jusques à l'horizon.
Nous marchions, sans parler, dans l'humide gazon,
Dans la bruyère épaisse et dans les hautes brandes[1],
Lorsque, sous des sapins pareils à ceux des landes,
Nous avons aperçu les grands ongles marqués
Par les loups voyageurs* que nous avions traqués.

1. *Brandes :* voir note 1, p. 101.

Nous avons écouté, retenant notre haleine
Et le pas suspendu. — Ni le bois ni la plaine
Ne poussaient un soupir dans les airs; seulement
La girouette en deuil criait au firmament,
Car le vent, élevé bien au-dessus des terres,
N'effleurait de ses pieds que les tours solitaires,
Et les chênes d'en bas, contre les rocs penchés,
Sur leurs coudes semblaient endormis et couchés.
Rien ne bruissait donc, lorsque, baissant la tête,
Le plus vieux des chasseurs qui s'étaient mis en quête
A regardé* le sable* en s'y couchant; bientôt,
Lui que jamais ici l'on ne vit en défaut[1],
A déclaré tout bas que ces marques récentes
Annonçaient la démarche et les griffes puissantes
De deux grands loups-cerviers et de deux louveteaux[2].
Nous avons tous alors préparé nos couteaux,
Et, cachant* nos fusils et leurs lueurs trop blanches,
Nous allions, pas à pas, en écartant les branches.

Trois s'arrêtent, et moi, cherchant ce qu'ils voyaient,
J'aperçois tout à coup deux yeux qui flamboyaient,
Et je vois au-delà quelques formes légères
Qui dansaient sous la lune au milieu des bruyères,
Comme font, chaque jour, à grand bruit sous nos yeux,
Quand le maître revient, les lévriers joyeux.
L'allure était semblable et semblable la danse;
Mais les enfants du Loup se jouaient en silence*,

---

1. Se dit du chasseur qui a perdu la trace de la bête (terme de vénerie); **2.** Sur les vers 18-23, voir dans la Documentation thématique les variantes de ce texte.

QUESTIONS

● VERS 1-16. Analysez le rythme des trois premiers vers. Quelle impression cette description produit-elle? Comparez aux vers 17-26 de « la Sauvage ». — Opposez cette vision d'orage aux arcs-en-ciel pacifiants et heureux de « la Maison du Berger » (vers 29-42 et 267-273). — Pourquoi *voyageurs* (vers 8)? Quelle est la signification de ce thème chez Vigny? Voir dans « la Maison du Berger » l'opposition du voyage mécanique (vers 106) et du voyage de la liberté (vers 115). Quelle parenté y a-t-il entre l'Éva attendue (*voyageuse indolente* au vers 323 de « la Maison du Berger »), la Sauvage *aventurière* (vers 78 de « la Sauvage ») et ce *sauvage voyageur* du vers 79?

● VERS 17-23. Ce passage a été souvent revu par le poète (voir la note 2). Quelle rédaction préférez-vous au point de vue littéraire? Commentez par cet exemple la façon dont Vigny travaillait le détail de ses poèmes.

Sachant bien qu'à deux pas, ne dormant qu'à demi,
Se couche dans ses murs l'homme, leur ennemi.

Le père était debout, et plus loin, contre un arbre,
Sa Louve reposait, comme celle de marbre
Qu'adoraient les Romains et dont les flancs velus
Couvaient les demi-dieux Rémus et Romulus[1].
Le Loup vient et s'assied, les deux jambes dressées,
Par leurs ongles crochus dans le sable* enfoncées.
Il s'est jugé perdu, puisqu'il était surpris,
Sa retraite* coupée et tous ses chemins pris;
Alors il a saisi, dans sa gueule brûlante,
Du chien le plus hardi la gorge pantelante,
Et n'a pas desserré ses mâchoires de fer,
Malgré nos coups de feu qui traversaient sa chair,
Et nos couteaux aigus qui, comme des tenailles,
Se croisaient en plongeant dans ses larges entrailles,
Jusqu'au dernier moment où le chien étranglé,
Mort longtemps avant lui, sous ses pieds a roulé.
Le Loup le quitte alors et puis il nous regarde*.
Les couteaux lui restaient au flanc jusqu'à la garde,
Le clouaient au gazon tout baigné dans son sang[2];

---

1. *Rémus et Romulus :* fils de Mars et d'une vestale, fondateurs légendaires de Rome; 2. Vigny critique ceux qui, comme J. de Maistre (le « pieux impie »), croient que tout sang versé sert à la rédemption de l'humanité. Rapprochez des vers 59-62 du « Mont des Oliviers ».

QUESTIONS

● VERS 24-40. Montrez que le rythme des vers 25-30 s'efforce de traduire le rythme même de l'aventure. — Analysez comment s'opère la transfiguration symbolique des loups : caractérisez chacune des images qui se succèdent aux vers 28-30, 34-37, 38-40. Étudiez le vocabulaire propre à chaque image.

● VERS 41-60. Le caractère épique de ce passage : analysez tous les procédés qui permettent au poète de traduire les phases de la lutte, depuis l'instant où le Loup se fige dans une attitude sculpturale (vers 41-42) jusqu'à l'instant où la mort le voue de nouveau à l'immobilité. — Étudiez le vocabulaire : est-ce l'impression de mouvement qui domine malgré la violence du combat? — Justifiez les changements de temps des verbes : quelle intensité donnent-ils au récit? — Au vers 56, quelles images « circulaires » des poèmes précédents évoque le *sinistre croissant* des fusils? Quel est le sens de cette image? — Le symbole dans cette phase finale : analysez le vocabulaire qui caractérise le Loup. Rapprochez ce texte d'autres poèmes où apparaît le thème du Juste. La valeur du « silence » dans la pensée de Vigny.

Nos fusils l'entouraient* en sinistre croissant.
Il nous regarde* encore, ensuite il se recouche,
Tout en léchant le sang répandu sur sa bouche,
Et, sans daigner savoir comment il a péri,
Refermant ses grands yeux, meurt sans jeter un cri.

II

J'ai reposé mon front sur mon fusil sans poudre,
Me prenant à penser*, et n'ai pu me résoudre
A poursuivre sa Louve et ses fils, qui, tous trois,
Avaient voulu l'attendre, et, comme je le crois,
Sans ses deux louveteaux, la belle et sombre veuve
Ne l'eût pas laissé seul subir la grande épreuve;
Mais son devoir était de les sauver, afin
De pouvoir leur apprendre à bien souffrir la faim,
A ne jamais entrer dans le pacte des villes
Que l'homme a fait avec les animaux serviles
Qui chassent devant lui, pour avoir le coucher,
Les premiers possesseurs du bois et du rocher.

III

Hélas! ai-je pensé*, malgré ce grand nom d'Hommes,
Que j'ai honte de nous, débiles que nous sommes!
Comment on doit quitter la vie et tous ses maux,
C'est vous qui le savez, sublimes animaux[1]!
A voir ce que l'on fut sur terre et ce qu'on laisse,
Seul le silence* est grand, tout le reste est faiblesse.

---

1. « La première loi de résignation nous vient de la nature. Les sauvages ainsi que les bêtes se débattent fort peu contre la mort et l'endurent presque sans se plaindre » (Rousseau, *Émile*, I).

QUESTIONS

● Vers 61-72. Comparez cette leçon à celle que donne La Fontaine dans *le Loup et le Chien*. — Un nouveau thème apparaît ici : rapprochez des vers 24-25 de « la Maison du Berger ». Comparez cette vision de l'esclavage aux vers 157-162 de « la Sauvage » : y a-t-il contradiction ou évolution? Les poèmes sont-ils à mettre sur le même plan? — Commentez le vers 72 en expliquant les idées du poète sur la propriété de la terre; comparez à « la Sauvage », vers 145-154, et à « l'Esprit pur », strophe III. Comment s'associent la protestation du poète et celle de l'aristocrate?

— Ah! je t'ai bien compris, sauvage voyageur*,
Et ton dernier regard* m'est allé jusqu'au cœur*!
Il disait : « Si tu peux, fais que ton âme* arrive,
A force de rester studieuse et pensive*,
Jusqu'à ce haut degré de stoïque fierté
Où, naissant dans les bois, j'ai tout d'abord[1] monté.
Gémir, pleurer, prier, est également lâche.
Fais énergiquement ta longue et lourde tâche,
Dans la voie où le Sort* a voulu t'appeler,
Puis, après, comme moi, souffre et meurs sans parler. »

Écrit au château du Maine-Giraud, 1843.

1. *Tout d'abord :* immédiatement.

QUESTIONS

● VERS 73-88. Quels mots portent les accents dans les vers 73-76? Commentez dans ces vers et les suivants l'art avec lequel le poète sait détacher les éléments essentiels de sa leçon. — Analysez, dans les vers 77-88, l'art de la maxime morale chez Vigny : structure, rythmes, sonorités. — Entre le fatalisme du *sort*, le stoïcisme du *silence*, la foi en « l'énergie » et en la *tâche*, y a-t-il contradiction ou logique d'une pensée qui cherche à se dépasser? — La morale de Vigny s'inspire-t-elle du même esprit que cette « loi de résignation » que Rousseau louait chez les sauvages et les animaux (voir note 1, p. 106)? Montrez son effort pour dégager des valeurs positives.

■ SUR L'ENSEMBLE DE « LA MORT DU LOUP ». — La composition de ce poème, la part du récit et celle de la méditation.

— Recherchez les thèmes familiers à Vigny : comment s'intègrent-ils dans le dessein d'ensemble du poème?

— Quelle figure font les humains ici? Que représentent-ils?

— La valeur esthétique de ce poème.

LA FLÛTE

Dans « la Flûte », il y a en réalité deux poèmes très différents, cousus ensemble en novembre 1842 et publiés ainsi dans *la Revue des Deux Mondes* en mars 1843 : une fable et une farce.

La fable (I, III, IV) est le fond du poème. Elle est terne et sentencieuse. Un pauvre, rassurant et bienséant, un pauvre à bonnes œuvres, est réchauffé par un sermon chaleureux sur l'âme et le corps. On lui promet le paradis des bonnes gens. Spiritualisme à la Malebranche dans une modestie à la Coppée.

La farce (II), conçue comme un épisode, se développe sur deux pages. L'humour et l'ironie, maniées et mariées avec adresse, en font une pièce savoureuse d'une poésie grinçante fort bien réussie. La Fontaine et Voltaire n'auraient pas renié cette dédramatisation perpétuelle du ton épique, cette esthétique héroï-comique de la discordance des mots, des images et de la réalité, ce ridicule inséré dans tous les élans naïfs par des jugements brefs en douche froide (« De tous les écoliers, c'est la contagion »), des familiarités échouant le lyrisme dans la rigole (« Son ballon fut crevé »; « Il dépouilla leur froc »), des grands mots et des mots vagues juchés au bout de compléments empilés :

> Père d'un panthéisme orné de plusieurs choses,
> De quelques âges d'or et des métempsycoses
> De Bouddha...

Nous sommes dans la veine de *Dupont et Durand* (Musset, 1838), des *Jérôme Paturot* (L. Reybaud, 1843 et 1848), suites farcesques des sérieuses *Etudes sur les réformateurs*, que Vigny a pu lire dans *la Revue des Deux Mondes* depuis 1838. La « mise en boîte », par-delà soi-même (Vigny ne se crut-il pas Bonaparte et Byron? Ne fut-il pas saint-simonien vers 1829?), vise les écoles philosophico-politico-sociales et littéraires du temps. La *Lettre parisienne* au journal *l'Avenir* donnait déjà en 1831 un aperçu de cette verve : « L'espèce dominante dans le Paris d'aujourd'hui, c'est l'écolier. Nous en avons de toutes sortes. Écoliers-conspirateurs en plein vent; écoliers-critiques qui jamais d'eux-mêmes ne produisirent; écoliers-grands capitaines historico-tacticiens, que prodigieusement embarrasserait un bataillon, voire même un peloton; écoliers-orateurs à vieilles phrases et idées; écoliers-dictateurs, élus au sortir du vaudeville après boire; enfin, écoliers-ministres, iconoclastes et visiteurs domiciliaires. »

C'est donc un jeu de reconnaître au passage les jeunes romantiques (Vigny lui-même), les premiers socialistes, de Fourier à Pierre Leroux, le couvent saint-simonien de Ménilmontant et tous les ratés du théâtre et du journalisme.

I

Un jour, je vis s'asseoir au pied de ce grand arbre
Un Pauvre qui posa sur ce vieux banc de marbre
Son sac et son chapeau, s'empressa d'achever
Un morceau de pain noir, puis se mit à rêver.
Il paraissait chercher dans les longues allées
Quelqu'un pour écouter ses chansons désolées;
Il suivait à regret la trace des passants
Rares et qui pressés s'en allaient en tous sens.
Avec eux s'enfuyait l'aumône disparue,
Prix douteux d'un lit dur en quelque étroite rue
Et d'un amer souper dans un logis malsain.
Cependant il tirait lentement de son sein,
Comme se préparait au martyre un apôtre,
Les trois parts d'une Flûte et liait l'une à l'autre,
Essayait l'embouchure à son menton tremblant,
Faisait mouvoir la clef, l'épurait en soufflant,
Sur ses genoux ployés frottait le bois d'ébène,
Puis jouait. — Mais son front en vain gonflait sa veine :
Personne autour de lui pour entendre et juger
L'humble acteur d'un public ingrat et passager.
J'approchais une main du vieux chapeau d'artiste
Sans attendre un regard de son œil doux et triste
En ce temps de révolte et d'orgueil si rempli;
Mais, quoique pauvre, il fut modeste et très poli.

II

Il me fit un tableau de sa pénible vie.
Poussé par ce démon qui toujours nous convie,
Ayant tout essayé, rien ne lui réussit,
Et le chaos entier roulait dans son récit.
Ce n'était qu'élan brusque et qu'ambitions folles,
Qu'entreprise avortée et grandeur en paroles.

D'abord, à son départ, orgueil démesuré,
Gigantesque écriteau sur un front assuré,
Promené dans Paris d'une façon hautaine :
Bonaparte et Byron, poète et capitaine,
Législateur aussi, chef de religion
(De tous les écoliers c'est la contagion),

Père d'un panthéisme orné de plusieurs choses,
De quelques âges d'or et des métempsycoses
De Bouddha, qu'en son cœur il croyait inventer;
Il l'appliquait à tout, espérant importer
Sa révolution dans sa philosophie;
Mais des contrebandiers notre âge se défie :
Bientôt par nos fleurets le défaut est trouvé;
D'un seul argument fin son ballon fut crevé.

Pour hisser sa nacelle, il en gonfla bien d'autres
Que le vent dispersa. Fatigué des apôtres,
Il dépouilla leur froc. (Lui-même le premier
Souriait tristement de cet air cavalier
Dont sa marche, au début, avait été fardée
Et, pour d'obscurs combats, si pesamment bardée;
Car, plus grave à présent, d'une double lueur
Semblait se réchauffer et s'éclairer son cœur :
Le Bon Sens qui se voit, la Candeur qui s'avoue,
Coloraient en parlant les pâleurs de sa joue.)
Laissant donc les couvents, panthéistes ou non,
Sur la poupe d'un drame il inscrivit son nom
Et vogua sur ces mers aux trompeuses étoiles;
Mais, faute de savoir, il sombra sous ses voiles
Avant d'avoir montré son pavillon aux airs.
Alors rien devant lui que flots noirs et déserts,
L'océan du travail si chargé de tempêtes
Où chaque vague emporte et brise mille têtes.
Là, flottant quelques jours sans force et sans fanal,
Son esprit surnagea dans les plis d'un journal.
Radeau désespéré que trop souvent déploie
L'équipage affamé qui se perd et se noie.
Il s'y noya de même, et de même, ayant faim,
Fit ce que fait tout homme invalide et sans pain.

« Je gémis, disait-il, d'avoir une pauvre âme
Faible autant que serait l'âme de quelque femme,
Qui ne peut accomplir ce qu'elle a commencé
Et s'abat au départ sur tout chemin tracé.
L'idée à l'horizon est à peine entrevue,
Que sa lumière écrase et fait ployer ma vue.
Je vois grossir l'obstacle en invincible amas.
Je tombe ainsi que Paul en marchant vers Damas.

— Pourquoi, me dit la voix qu'il faut aimer et craindre,
Pourquoi me poursuis-tu, toi qui ne peux m'étreindre?
— Et le rayon me trouble et la voix m'étourdit,
Et je demeure aveugle et je me sens maudit. »

III

— « Non, criai-je en prenant ses deux mains dans les miennes,
Ni dans les grandes lois des croyances anciennes,
Ni dans nos dogmes froids, forgés à l'atelier,
Entre le banc du maître et ceux de l'écolier,
Ces faux Athéniens dépourvus d'atticisme,
Qui nous soufflent aux yeux des bulles de sophisme,
N'ont découvert un mot par qui fût condamné
L'homme aveuglé d'esprit plus que l'aveugle-né.
C'est assez de souffrir sans se juger coupable
Pour avoir entrepris et pour être incapable.
J'aime, autant que le fort, le faible courageux
Qui lance un bras débile en des flots orageux,
De la glace d'un lac plonge dans la fournaise
Et d'un volcan profond va tourmenter la braise.
Ce Sisyphe éternel est beau, seul, tout meurtri,
Brûlé, précipité, sans jeter un seul cri,
Et n'avouant jamais qu'il saigne et qu'il succombe
A toujours ramasser son rocher qui retombe.
Si, plus haut parvenus, de glorieux esprits
Vous dédaignent jamais, méprisez leur mépris;
Car ce sommet de tout, dominant toute gloire,
Ils n'y sont pas, ainsi que l'œil pourrait le croire.
On n'est jamais en haut. Les forts, devant leurs pas,
Trouvent un nouveau mont inaperçu d'en bas.
Tel que l'on croit complet et maître en toute chose
Ne dit pas les savoirs qu'à tort on lui suppose,
Et qu'il est tel grand but qu'en vain il entreprit.
— Tout homme a vu le mur qui borne son esprit.

Du corps et non de l'âme accusons l'indigence.
Des organes mauvais servent l'intelligence
Et touchent, en tordant et tourmentant leur nœud,
Ce qu'ils peuvent atteindre et non ce qu'elle veut.
En traducteurs grossiers de quelque auteur céleste
Ils parlent... Elle chante et désire le reste.

Et, pour vous faire ici quelque comparaison,
Regardez votre Flûte, écoutez-en le son.
Est-ce bien celui-là que voulait faire entendre
La lèvre? Était-il pas ou moins rude ou moins tendre?
Eh bien! c'est au bois lourd que sont tous les défauts,
Votre souffle était juste et votre chant est faux.
Pour moi qui ne sais rien et vais du doute au rêve,
Je crois qu'après la mort, quand l'union s'achève,
L'âme retrouve alors la vue et la clarté,
Et que, jugeant son œuvre avec sérénité,
Comprenant sans obstacle et s'expliquant sans peine,
Comme ses sœurs du ciel elle est puissante et reine,
Se mesure au vrai poids, connaît visiblement
Que son souffle était faux par le faux instrument,
N'était ni glorieux, ni vil, n'étant pas libre;
Que le corps seulement empêchait l'équilibre;
Et, calme, elle reprend, dans l'idéal bonheur,
La sainte égalité des esprits du Seigneur. »

IV

Le Pauvre alors rougit d'une joie imprévue,
Et contempla sa Flûte avec une autre vue;
Puis, me connaissant mieux, sans craindre mon aspect,
Il la baisa deux fois en signe de respect,
Et joua, pour quitter ses airs anciens et tristes,
Ce *Salve Regina* que chantent les Trappistes.
Son regard attendri paraissait inspiré,
La note était plus juste et le souffle assuré.

LE MONT DES OLIVIERS

Deus absconditus. Le Dieu caché d'Isaïe, de saint Augustin et de Pascal, cet être absolu qu'il faut rechercher et reconnaître au-delà des « figures » relatives, est devenu chez Vigny un Créateur qui se refuse et, par-là, se nie lui-même. Chez Pascal et chez Vigny, ce thème n'a de commun que ses dénominations et cette interrogation qui en est la source : est-il là? « Si Dieu se découvrait continuellement aux hommes, répond Pascal, il n'y aurait point de mérite à le croire; et, s'il ne se découvrait jamais, il y aurait peu de foi. Mais il se cache ordinairement, et se découvre rarement à ceux qu'il veut engager dans son service. [...] Toutes choses couvrent quelque mystère; toutes choses sont des voiles qui couvrent Dieu » (lettre à Mlle de Roannez, 1656). Pascal distingue soigneusement deux sens des choses : littéral et mystique. Dieu est la signification « cachée » au fond d'elles. Les mystiques sont ceux qui parviennent à franchir le sens premier relatif à chaque figure du monde pour atteindre sa valeur réelle qui est référence à l'absolu. En somme, tout masque Dieu, donc tout le prouve.

Vigny interprète cette figure des figures dans le sens opposé. Pour lui, ce Dieu qui se tait au-delà du monde, c'est celui que, pour reprendre un vers de Busoni, « Pascal éperdu cherche en vain dans son cœur ». Tout le masque, donc tout le renie. Ainsi, le *Mémorial* étant ignoré, la recherche des *Pensées* n'est plus vue comme un long acte de foi et de preuve, mais comme une quête désespérée. Échec du sens mystique, échec de la communication : antijansénisme évident. Vigny en est resté aux « figures » et butte sur leur énigme. Il a bien tenté un retour au catholicisme lors de la mort de sa mère. « Donnez-moi, ô mon Dieu, la certitude qu'elle m'entend », prie-t-il (fin 1837). La certitude n'est pas venue. D'ailleurs, quel homme de bonne foi pourrait s'en vanter? « Un doute m'a saisi, notait le poète dans son *Journal*, le Christ lui-même ne fut-il pas sceptique? » (11 décembre 1830.) Des témoins nous ont transmis ce bout de prière du Christ reprenant une invocation des Psaumes et d'Isaïe : « Mon Dieu, pourquoi m'avez-vous abandonné? »

Ce moment où le Christ est peut-être allé jusqu'à douter de lui-même a obsédé Vigny. Il y pense dès 1823 et projette alors d'écrire un « Mystère », continuant « Éloa ». Il note : « L'Homme-Dieu. Les trois heures d'agonie. » Dans son poème du « Déluge », daté de la même époque, Dieu inexorable reste sourd aux prières et « l'arc-en-ciel brilla, tout étant accompli ». Fin des espoirs, anéantissement du monde : « Tout est consommé », disait le Christ, « et pour l'éternité », ajoute le poète. Reste la nuit. Aussi le Messager de la Bonne Nouvelle, dernier berger des hommes, n'est-il plus, le 12 novembre 1839, pour Vigny, que cet homme seul dans cette nuit sans étoile. Déjà Moïse n'ambitionnait plus que le « sommeil de la terre ».

A cette pensée de Vigny, des lectures vont apporter les aliments nécessaires. Après *Un songe* de J.-P. Richter, connu dès 1827, c'est surtout *la Vie de Jésus* de Strauss, commentée par Quinet avant d'être traduite par Littré, que le poète lit et relit à partir de février 1839. Il y découvre « un procès instruit pesamment, en demande de nullité de divinité et de vérité historique ». Vigny, comme Renan en 1863, ne va pas jusqu'à nier l'existence même du Christ. Il se renforce seulement par sa lecture de Strauss dans sa croyance arienne au Christ-Homme, croyance qui se muera de 1839 à 1863 en complet agnosticisme. « Je ne suis pas le fils de Dieu », affirme un fragment de poème que le *Journal* recueille en 1839. Derrière l'antithéisme byronien, qu'exprimaient les mythes de Satan et de Prométhée, on sentait déjà cette admiration pour l'Homme sublime devenu victime de Dieu, le grand Innocent persécuté :

La mort de l'Innocent est pour l'homme un mystère

(« le Déluge »).

Jephté a sacrifié sa fille en reprochant à Jéhovah son sadisme; Moïse se dit las de sa mission vaine; Éloa est nommée « victime du Ciel »; le seul vers du *Roland* que le *Journal* ait sauvé s'adresse au « Fils exilé du Ciel » : toutes œuvres antérieures à la crise de 1830. « Le Mont des Oliviers » est donc bien, comme « la Mort du Loup », un de ces poèmes au creux de la vague, où les doutes se cristallisent en certitudes négatives.

Le septain du « Silence » en est la contrepartie indispensable. Avant de commander à Ratisbonne d'ajouter cette « stance » de 1851, conçue dès l'origine comme suite possible au poème, Vigny avait peut-être pensé à une conclusion moins normative, qui constatait l'échec du Christ dans la vision même du christianisme : évidence d'un Dieu inerte. Dans le « plan et ordre » du 4 mai 1856, une « deuxième rêverie » prenant la suite du « Mont des Oliviers » s'intitulera « l'inertie de Dieu » : « L'inertie de Dieu, commente l'écrivain, apparaît seulement frapper de désespoir Dieu même revêtu de chair humaine et périssable. La Fatalité ne voyait pas Dieu. La Grâce le voit » (B. N., n. a. f., 24984). Telle est la certitude de Vigny. Dieu est mort pour nous. Qu'il soit ou ne soit pas n'a plus d'importance : le Christ en a été l'inexorable témoin.

Ainsi ce fut en vain que Dieu cria vers Dieu (juin 1863).

Après l'élan d'espoir, puis l'échec de la prière, le poème n'en reste pas au renoncement du Christ : « Que votre volonté soit faite et non la mienne. » Car tel est le pire blasphème pour Vigny : remettre son destin à l'Autre. Contre ce blasphème fataliste, l'ultime septain redresse l'Homme. La logique poussée plus loin mène à cette revanche hautaine de l'homme : se taire face à Dieu comme le loup face au monde, mépriser leurs deux injustices. « Rends-lui silence pour silence. N'est-ce pas ce que veut la justice? » conclura le poète (4 mars 1863).

Elle est donc tombée pour lui cette « Herse » que, dans un canevas en prose d'octobre 1843, Vigny souhaitait voir séparer définitivement la volonté des forts et l'imagination mystique. « Ce n'est pas en chrétien que Vigny parle désormais, c'est en homme qui a décidé de se passer de Dieu » (P. G. Castex). Athéisme pratique? Certes, mais sans réel existentialisme. Le drame du penseur est de vouloir se passer de l'être absolu sans nier pour autant l'absolu des valeurs. En effet, si Dieu n'est plus la Justice, qu'est-ce qui est la Justice? Fondateur sans fondements, le poète du « Silence » tourne en rond dans une quête avortée.

LE MONT DES OLIVIERS

I

Alors il était nuit et Jésus marchait seul[1],
Vêtu de blanc ainsi qu'un mort de son linceul;
Les disciples dormaient au pied de la colline.
Parmi les oliviers, qu'un vent sinistre incline,
Jésus marche à grands pas en frissonnant comme eux,
Triste jusqu'à la mort, l'œil sombre et ténébreux,
Le front baissé, croisant les deux bras sur sa robe
Comme un voleur de nuit cachant* ce qu'il dérobe[2];
Connaissant les rochers mieux qu'un sentier uni,
Il s'arrête en un lieu nommé Gethsémani.
Il se courbe, à genoux, le front contre la terre,
Puis regarde* le ciel en appelant : « Mon Père[3]! »
— Mais le ciel reste noir, et Dieu ne répond pas.
Il se lève étonné[4], marche encore à grands pas,
Froissant les oliviers qui tremblent. Froide et lente,
Découle de sa tête une sueur sanglante[5].
Il recule, il descend, il crie avec effroi :
« Ne pouviez-vous prier et veiller avec moi? »
Mais un sommeil de mort accable les apôtres[6],

1. Note de Vigny en bas de page, dans le manuscrit de la Bibliothèque nationale du 12 novembre 1839 : « Évangile selon saint Matthieu, xxvi, 36, etc.; Luc, xxii, 39; Jean, xviii, 1; Marc, xiv, 32-34 »; 2. Note de Vigny en bas de page dans le manuscrit : *Veniam ad te tanquam fur* (Apocalypse, iii, 3). « Je viendrai à toi comme un voleur »; 3. « Alors Jésus vint avec eux en un lieu appelé Gethsémani. [...] S'étant éloigné un peu, il se prosterna sur sa face, priant et disant : « Mon Père, s'il est possible, que ce calice passe (à côté) de moi » (Évangile selon saint Matthieu, xxvi, 36-39, trad. Lamennais, 2e éd., 1846); 4. *Etonné :* frappé de stupeur (sens classique); 5. « Il eut une sueur, comme des gouttes de sang qui tombaient à terre » (Évangile selon saint Luc, xxii, 43, trad. Lamennais); 6. « Il vint de nouveau et les trouva dormants, car leurs yeux étaient appesantis » (Évangile selon saint Matthieu, xxvi, 43).

Pierre à la voix du maître est sourd comme les autres.
Le Fils de l'Homme alors remonte lentement.
Comme un pasteur d'Égypte il cherche au firmament
Si l'Ange ne luit pas au fond de quelque étoile[1].
Mais un nuage en deuil s'étend comme le voile[2]
D'une veuve, et ses plis entourent* le désert*.
Jésus, se rappelant ce qu'il avait souffert
Depuis trente-trois ans, devint homme, et la crainte
Serra son cœur* mortel d'une invincible étreinte.
Il eut froid. Vainement il appela trois fois :
« Mon Père[3]! » — Le vent seul répondit à sa voix.
Il tomba sur le sable* assis, et, dans sa peine,
Eut sur le monde et l'homme une pensée* humaine.
— Et la Terre trembla, sentant la pesanteur
Du Sauveur qui tombait aux pieds du Créateur.

---

1. Reprise en négatif de notations évangéliques : « Alors un Ange du ciel lui apparut, qui le fortifiait » (Évangile selon saint Luc, XXII, 43); 2. « Il y avait dans le ciel comme un nuage grisâtre, lourd, étouffant, qu'un fantôme gigantesque serrait et pressait à longs plis » (J. P. Richter, traduit par Mme de Staël); 3. Condensé des trois prières du Christ : « Il s'en alla encore et pria une troisième fois, disant les mêmes paroles » (Évangile selon saint Matthieu, XXVI, 44).

QUESTIONS

● VERS 1-20. Relevez les expressions qui, tirées textuellement des récits évangéliques, conservent à cet épisode une fidélité, du moins apparente, à la tradition sacrée. — Par quelles images le poète traduit-il l'omniprésence de la mort? Comment la nature semble-t-elle s'associer au drame de Jésus? — Aux vers 14-19, le rythme contribue à dramatiser le récit : étudiez les procédés (rejets, coupes, accents, etc.) qui rendent sensible cette dramatisation. — L'interprétation du récit évangélique : comment le poète prépare-t-il la mise en accusation de Dieu?

● VERS 21-34. Dans quelle mesure y a-t-il une sorte de symétrie entre ce passage et les vers 1-20? L'expression *le Fils de l'Homme* (vers 21) a-t-elle ici la même résonance que dans l'Évangile selon saint Luc (XXII, 69-70)? — Rapprochez les images des vers 24-25 et du vers 29. Isaïe parle du « voile de deuil qui voilait les peuples » et du « suaire qui enveloppait les nations » (XXV, 7-8) : quelle signification prennent ici ces images drapées, voiles de condamnation? — Faites également le rapprochement entre les vers 30 et 13 : quelle intention se confirme? — Au vers 26, il y a une curieuse réminiscence d' « Éloa », où il est dit de Satan :

Il se rappelle aussi tout ce qu'il a souffert
Après avoir tenté Jésus dans le désert.
Il tremble... (« Éloa », III).

Ce rapprochement est-il seulement formel? Le Satan de Byron, de Hugo et même de Vigny ne joue-t-il pas en noir un rôle comparable à celui qu'assume ici le Christ : confrontation de l'humanité et du créateur?

II

Jésus disait : « O Père, encor laisse-moi vivre!
Avant le dernier mot ne ferme pas mon livre!
Ne sens-tu pas le monde et tout le genre humain
Qui souffre avec ma chair et frémit dans ta main?
C'est que la Terre a peur de rester seule et veuve,
Quand meurt celui qui dit une parole neuve,
Et que tu n'as laissé dans son sein desséché
Tomber qu'un mot du ciel par ma bouche épanché.
Mais ce mot est si pur* et sa douceur est telle,
Qu'il a comme enivré la famille mortelle
D'une goutte de vie et de divinité,
Lorsqu'en ouvrant* les bras j'ai dit : FRATERNITÉ!
« — Père, oh! si j'ai rempli mon douloureux message,
Si j'ai caché* le Dieu sous la face du Sage,
Du sacrifice humain si j'ai changé le prix,
Pour l'offrande des corps recevant les esprits*[1],
Substituant partout aux choses le symbole,
La parole au combat, comme aux trésors l'obole[2],
Aux flots* rouges du sang les flots* vermeils du vin,
Aux membres de la chair le pain blanc sans levain[3];
Si j'ai coupé les temps en deux parts, l'une esclave
Et l'autre libre*; — au nom du passé que je lave,
Par le sang de mon corps qui souffre et va finir,
Versons-en la moitié pour laver l'avenir!
Père libérateur*! jette aujourd'hui, d'avance,
La moitié de ce sang d'amour et d'innocence
Sur la tête de ceux qui viendront en disant :
« Il est permis pour tous de tuer l'innocent. »
Nous savons qu'il naîtra, dans le lointain des âges,

---

1. « L'Agneau mystique, dévoué pour le salut universel, remplaça le premier-né des brebis, et à l'immolation de l'homme physique fut à jamais substituée l'immolation des passions, ou le sacrifice de l'homme moral » (Chateaubriand, *Génie du christianisme*, IV); 2. Allusion à l'obole de la veuve qui vaut plus aux yeux de Dieu qu'une riche offrande (Évangile selon saint Marc, XII, 41-44); 3. « Explication de la messe : le Christ institua l'Eucharistie, où, sous les espèces visibles du pain et du vin, il cacha l'offrande invisible de son sang et de nos cœurs » (Chateaubriand, *Génie du christianisme*, IV).

QUESTIONS

● VERS 35-58. Étudiez le pathétique des vers 35-46. — Commentez les vers 49-50 et 53-54 en vous appuyant sur les textes de Chateaubriand cités dans les notes 1 et 3 : Vigny reste-t-il fidèle à l'interprétation proposée par Chateaubriand?

Des dominateurs durs escortés de faux sages[1]
Qui troubleront l'esprit* de chaque nation
En donnant un faux sens à ma rédemption.
— Hélas! je parle encor que déjà ma parole
Est tournée en poison dans chaque parabole;
Éloigne ce calice impur* et plus amer
Que le fiel, ou l'absinthe, ou les eaux* de la mer*.
Les verges qui viendront, la couronne* d'épine,
Les clous des mains, la lance au fond de ma poitrine,
Enfin toute la croix qui se dresse et m'attend,
N'ont rien, mon Père, oh! rien qui m'épouvante autant!

Quand les Dieux veulent bien s'abattre sur les mondes,
Ils n'y doivent laisser que des traces profondes :
Et si j'ai mis le pied sur ce globe incomplet,
Dont le gémissement sans repos m'appelait[2],
C'était pour y laisser deux Anges à ma place
De qui la race humaine aurait baisé la trace,
La Certitude heureuse et l'Espoir confiant,
Qui, dans le Paradis, marchent en souriant.
Mais je vais la quitter, cette indigente terre,
N'ayant que soulevé ce manteau de misère

1. « Car il s'élèvera de faux Christs et de faux prophètes, et ils feront des signes et des prodiges pour séduire » (Évangile selon saint Marc, XIII, 22); 2. Thème inspiré de saint Paul : « La Création gémit dans l'attente de l'Esprit » (Épître aux Romains, VIII, 22-23).

QUESTIONS

● VERS 59-74. Montrez que les vers 59-61 sont le contre-pied de la malédiction biblique du sang qui doit retomber sur la tête des générations à venir (Évangile selon saint Matthieu, XXVII, 25). — Comment, aux vers 63-70, malgré la permanence d'un vocabulaire biblique, Vigny s'éloigne-t-il des thèmes évangéliques pour donner libre cours à ses idées? — Étudiez plus particulièrement les vers 69-70 : il y a là une évocation évangélique et un thème romantique. Quelle profondeur cette image prend-elle ici? — J. de Maistre a affirmé en 1796 : « Le dogme universel est aussi ancien que le monde de la réversibilité des douleurs de l'innocence au profit des coupables » (*Considérations sur la France*, chap. III). Montrez que c'est contre de telles théories que Vigny s'insurge dans les vers 59-74.

● VERS 75-86. En quoi le pluriel *(les Dieux)* et le choix du verbe *(s'abattre)* sont-ils bizarres (vers 75)? Serait-ce que le Christ-Dieu n'est plus que mythologie? — A propos du vers 77 rapprochez-en le sens de cette phrase : « Il est certain que la création est une œuvre manquée ou à demi accomplie », notait Vigny. Rapprochez du « Silence » (vers 146) et commentez l'adjectif *incomplet* (vers 77). — Aux vers 83-86, la prière va se muer en accusation : comment ces vers assument-ils la transition de l'une à l'autre?

Qui l'entoure* à grands plis, drap lugubre et fatal,
Que d'un bout tient le Doute et de l'autre le Mal.

« Mal et Doute! En un mot je puis les mettre en poudre.
Vous les aviez prévus, laissez-moi vous absoudre
De les avoir permis. — C'est l'accusation
Qui pèse de partout sur la création! —
Sur son tombeau désert* faisons monter Lazare[1].
Du grand secret des morts qu'il ne soit plus avare,
Et de ce qu'il a vu donnons-lui souvenir :
Qu'il parle. — Ce qui dure et ce qui doit finir,
Ce qu'a mis le Seigneur au cœur* de la Nature,
Ce qu'elle prend et donne à toute créature,
Quels sont avec le ciel ses muets* entretiens,
Son amour ineffable et ses chastes* liens,
Comment tout s'y détruit et tout s'y renouvelle,
Pourquoi ce qui s'y cache* et ce qui s'y révèle;
Si les astres des cieux tour à tour éprouvés
Sont comme celui-ci coupables et sauvés;
Si la Terre est pour eux ou s'ils sont pour la Terre;
Ce qu'a de vrai la fable et de clair le mystère,
D'ignorant le savoir et de faux la raison;
Pourquoi l'âme* est liée en sa faible prison[2],
Et pourquoi nul sentier entre deux larges voies,
Entre l'ennui du calme et des paisibles joies
Et la rage sans fin des vagues passions,
Entre la léthargie et les convulsions[3];
Et pourquoi pend la Mort comme une sombre épée
Attristant la Nature à tout moment frappée;
Si le Juste et le Bien, si l'Injuste et le Mal
Sont de vils accidents en un cercle* fatal,
Ou si de l'univers ils sont les deux grands pôles,

1. L'Évangile selon saint Jean (II, 43-44) raconte la résurrection de Lazare par Jésus; 2. La prison de sa faiblesse; 3. « Martin [...] conclut que l'homme était né pour vivre dans les *convulsions* de l'inquiétude ou dans la *léthargie* de l'ennui » (Voltaire, *Candide*, XXX). Thème repris par Senancour : « N'est-ce pas une nécessité que [...] je consume tous mes jours dans les *convulsions* de l'inquiétude ou dans la *léthargie* de l'ennui? » (*Oberman*, I, XIV).

QUESTIONS

● VERS 87-94. « La terre est révoltée des injustices de la création », écrit Vigny (*Journal*, 1834). Cette révolte, dont le Christ devient le symbole, opère une inversion des rôles : c'est Dieu qui est mis en jugement; montrez-le d'après les vers 87-94 et les suivants. — Dans les vers 91-94, Vigny semble même oublier son symbole et prend personnellement la parole : à quoi le voit-on?

Soutenant terre et cieux sur leurs vastes épaules;
Et pourquoi les Esprits* du mal sont triomphants
Des maux immérités, de la mort des enfants[1];
Et si les Nations sont des femmes guidées
Par les étoiles d'or des divines idées,
Ou de folles enfants sans lampes dans la nuit[2],
Se heurtant et pleurant et que rien ne conduit;
Et si, lorsque des temps l'horloge périssable
Aura jusqu'au dernier versé ses grains de sable*,
Un regard* de vos yeux, un cri de votre voix,
Un soupir de mon cœur*, un signe de ma croix,
Pourra faire ouvrir* l'ongle aux Peines Éternelles,
Lâcher leur proie humaine et reployer leurs ailes :
Tout sera révélé dès que l'homme saura
De quels lieux il arrive et dans quels il ira. »

III

Ainsi le divin Fils parlait au divin Père.
Il se prosterne encore, il attend, il espère,
Mais il renonce et dit : « Que votre volonté
Soit faite et non la mienne et pour l'éternité[3]! »

---

1. A l'arrière-plan, évocation du massacre des Innocents (Évangile selon saint Matthieu, II, 16-18). Voir aussi Voltaire, évoquant le désastre de Lisbonne :

Quel crime, quelle faute ont commis ces enfants
Sur le sein maternel écrasés et sanglants?

2. Allusion aux vierges folles (Évangile selon saint Matthieu, XXV, 1-13); 3. « Cependant, que votre volonté se fasse, et non la mienne » (Évangile selon saint Luc, XXII, 42).

QUESTIONS

● VERS 94-130. Analysez le jeu des antithèses d'un bout à l'autre de ce passage. Que signifie-t-il? — Résumez les problèmes métaphysiques évoqués ici; quels sont leurs points communs? — La contradiction permanente de l'homme (vers 104-110) : montrez dans ces textes l'influence de certaines *Pensées* de Pascal. Commentez l'usage que Vigny fait des mots *léthargie* et *convulsions* (vers 110). Le problème du Bien et du Mal (vers 113-118) : quelles sont les deux hypothèses philosophiques auxquelles se réfère le poète? N'ont-elles pas le même résultat (vers 116-118)? — L'image des vers 127-128 montre que le thème propre au poème des « Destinées » est déjà en gestation : comment les vers 19 et 36 des « Destinées » vont-ils la développer? — A quelle question fondamentale aboutit tout ce développement? — Comparez à Pascal : « Comme je ne sais d'où je viens, aussi je ne sais où je vais » *(Pensées)*. Analysez la distribution des sonorités dans le vers 130. Que traduit-elle? — En vous appuyant sur les vers 111-130, montrez que l'art de Vigny est personnel par fusion de multiples réminiscences : images antiques (épées de Damoclès, Atlas, Érinnyes); allusions bibliques (lesquelles?); souvenirs littéraires et artistiques (horloge de l'éternité de J. P. Richter ou sablier de Dürer?).

Une terreur profonde, une angoisse infinie
Redoublent sa torture et sa lente agonie.
Il regarde* longtemps, longtemps cherche sans voir.
Comme un marbre[1] de deuil tout le ciel était noir;
La Terre sans clartés, sans astre et sans aurore,
Et sans clartés de l'âme* ainsi qu'elle est encore,
Frémissait. — Dans le bois il entendit des pas,
Et puis il vit rôder la torche de Judas.

LE SILENCE

S'il est vrai qu'au Jardin sacré des Écritures[2],
Le Fils de l'Homme ait dit ce qu'on voit rapporté;
Muet*, aveugle et sourd au cri des créatures,
Si le Ciel nous laissa comme un monde avorté,
Le juste opposera le dédain à l'absence,
Et ne répondra plus que par un froid silence*
Au silence* éternel de la Divinité[3].

2 avril 1862.

1. L'édition L. Séché, contrairement aux autres, donne la variante : « Comme un arbre de deuil tout le ciel était noir »; 2. Variante de la rédaction de 1851 : « S'il est vrai qu'au jardin des Saintes Écritures »; 3. « Faites comme Bouddah, silence sur celui qui ne parle jamais » (*Journal*, 1862).

QUESTIONS

● Vers 131-149. D'où vient la lenteur des vers 135-137 et la dureté du vers 138? Pourquoi ce rythme et ces sonorités? — Les caractères du rythme dans les vers 139-141. Montrez comment la strophe 143-149 reprend plusieurs thèmes du « Mont des Oliviers » et en donne la conclusion logique. — Étudiez l'équilibre des termes dans les trois derniers vers.

■ Sur l'ensemble du « Mont des Oliviers ». — Comment Vigny a-t-il utilisé ses sources évangéliques? Ses raccourcis, ses additions, ses procédés de dramatisation, ses interprétations, etc. Rapprochez de ce poème les fragments cités dans la Documentation thématique.

— Montrez de quelle manière le Christ, graduellement humanisé et universalisé, devient « celui qui nous représente par ses souffrances et sa croix » (*Journal*, 1843), symbole de l'humanité innocente et sacrifiée.

— Rapprochez la prière du Christ et celle du chapitre xvii de l'Évangile selon Jean : quelles sont les différences fondamentales?

— Comparez au « Mont des Oliviers » les parties VI à VIII du « Gibet » de Hugo *(la Fin de Satan)*. — Comparez aussi à ce poème le « Christ au jardin des Oliviers » de G. de Nerval (1844).

— Dans son commentaire, L. Séché écrit : « C'est toujours la même pensée janséniste, à savoir que, la prière étant inutile au salut de l'homme qui n'a pas reçu la grâce et le juste lui-même n'étant pas sûr d'être sauvé, les chrétiens n'ont qu'à courber la tête sous l'implacable destinée qui leur est faite. Consciemment ou non, Vigny pensait donc là comme les solitaires de Port-Royal, auxquels il se rattachait par ses origines et l'éducation maternelle. » Que pensez-vous de cette interprétation?

« Sur le brick englou

Naufrage de la corvet

Lithograph

Phot. Larousse.

'onde a pris son niveau. » (P. 131, vers 107.)

rançaise *Alcmène*.

le Lebreton.

LA BOUTEILLE À LA MER

« O désirs humains! craintes humaines! vagues éternelles, vagues agitées d'un Océan qui ne change pas, vous êtes seulement comprimées quelquefois par des courants hardis qui vous emportent, des vents violents qui vous soulèvent ou des rochers immuables qui vous brisent.

— Et, dit le Docteur en souriant, vous aimeriez à vous croire courant, vent ou rocher.

— Et vous pensez que...

— Que vous ne devez jeter que des œuvres dans cet Océan. Il faut bien plus de génie pour résumer tout ce qu'on sait de la vie dans une œuvre d'art, que pour jeter cette semence sur la terre, toujours remuée, des événements politiques. »

Ce dialogue de Stello et du Docteur Noir (*Stello*, chap. XXXIX), c'est déjà, en 1832, l'essentiel de la morale de « la Bouteille à la mer ». Les effusions chateaubrianesques : un sourire ironique du Docteur les efface. La mer, ce n'est plus les vagues à l'âme ni les tempêtes passionnelles, ni les vents d'aventure ou de fatalité où l'on ne souhaite que se perdre; ce n'est pas encore — ce qu'elle sera chez le Hugo de l'exil — la fantasmagorie créatrice des flots et des nuages où le monde retrouve comme sa matrice originelle et dont la loi est puissance, fusion et mobilité perpétuelle des ébauches. Orages-Destin, Océan-Dieu : Vigny ne s'y laisse pas prendre. Sa mer est « humaine ».

Simples notations traditionnelles, quand le poète évoque dans son *Journal* des années 1826-1827 les « tempêtes révolutionnaires », le « flot du temps », « l'onde » et « le sort », les allusions précisent peu à peu le thème-image. Voici d'abord la mer des grands voyages. Le poète, petit-fils de marin, apparenté aux Bougainville par les Baraudin, a lu et relu les récits de leurs voyages (1769, 1826, 1837) et même rêvé un moment d'écrire leur histoire. S'est-il mis aussi à la lecture des vingt-quatre volumes de Dumont d'Urville, qui commencent à paraître en 1832? C'est vraisemblable. Les drames de la mer, en tout cas, attirent son attention. Il projette en 1828 de célébrer l'héroïsme de l'enseigne de vaisseau Bisson, qui échappe aux Turcs en faisant sauter son navire avec les pirates : « Il veillait et travaillait dans son cabinet flottant. Il se demandait comment la vapeur allait vaincre *la distance et le temps*, le vent et la mer, et rendre inutile l'homme de mer expérimenté dans l'art de tromper le vent par la voile et les mâts » *(Journal)*. Bisson : première image du capitaine, homme de science et d'héroïsme comme lui. Quelques années plus tard, dans une lettre à de La Grange apparaît un nouveau portrait du penseur dominant les éléments : « Il y a une chose qui doit consoler l'homme de sa petitesse en face de ces grands débris d'une gigantesque nature, c'est que son imagination soit assez puissante pour planer au-dessus de ces pyramides lumineuses et les réduire en lignes géographiques en les déroulant et les mesurant sous ses pieds, comme il mesure et pèse les astres sur sa tête » (1832). A la disproportion pascalienne de l'homme et de l'univers s'oppose ici la louange d'une science qui prend le visage de l'astrométrie et de l'océanographie :

C'est la carte des flots faite dans la tempête
(vers 33).

Un symbole va prendre en charge ce thème. Dans sa *IV*e *Étude de la nature* (1784), Bernardin de Saint-Pierre l'a peut-être soufflé au poète : « Christophe Colomb pensa encore à tirer parti des courants de la mer au retour de son premier voyage; car, étant sur le point de périr dans une tempête [...], il renferma l'histoire de sa découverte dans un tonneau qu'il abandonna aux flots, espérant qu'elle arriverait tôt ou tard sur quelque rivage. Une simple bouteille de verre pouvait la conserver des siècles à la surface des mers et la porter plus d'une fois d'un pôle à l'autre. » Coïncidence de pensée? Emprunt direct, si l'on en croit E. Estève? Cette bouteille n'est, en effet, aucunement étrangère au monde symbolique de Vigny. C'était déjà la maison de verre qui protégeait Éloa de Satan : « Un pouvoir supérieur empêchait Satan de s'approcher d'elle. Il rôdait autour d'elle comme un loup autour d'une brebis enfermée dans une maison de verre », écrit Vigny dans une esquisse en prose. Transparents, lumineux et intangibles également la perle-message et le diamant de « la Maison du Berger », le crital clair et le diamant idéal du « Post-Scriptum » des « Oracles ». Nous reconnaissons, permanent sous ses formes diverses, le symbole sphérique protecteur, lucide, solide et resserré sur sa précieuse mission : « l'Écrit universel » de « l'Esprit pur ». Cristallisation tenace de la pensée dans la pureté d'une matière.

Aussi, la mer qui l'entoure n'est plus seulement le vague « océan des âges » lamartinien. Image de la multitude, elle se fait hostile et destructrice, puissante, indifférente, curieuse, versatile et traîtresse, oublieuse, porteuse, enfin. « Un livre est une bouteille jetée en pleine mer, sur laquelle il faut coller cette étiquette : Attrape qui peut », note le *Journal* à la date de 1842. Le mythe vit. Il suffira au poète de développer ses symboles, en égrenant de tableau en tableau la symphonie dramatique du message perdu.

Un canevas en prose du 21 novembre 1846, minutieux, en trace toutes les étapes. « On jette une idée, explique Vigny à Marie d'Agoult. Si elle est enveloppée sous une forme durable (c'est là l'essentiel), elle germe et produit un bon fruit » (juin 1846). Le 24 septembre de l'année suivante, le poème est achevé. Sa parution dans *la Revue des Deux Mondes* du 1er février 1854 n'apportera que peu de changements au texte. Une strophe initiale est venue s'ajouter au plan de 1846. A quel « jeune homme inconnu », quel poète malade, ces vers sont-ils dédiés? On a avancé bien des noms : débat sans importance. « J'ai reçu un jour une ode magnifique d'un poète inconnu. J'y ai répondu par un poème qu'on trouvera dans mon prochain volume », écrit Vigny à Claretie vers 1860. A travers lui, en réalité, il s'adresse déjà, comme il le fera dans « l'Esprit pur », au « flot d'amis renaissants ». « La Bouteille à la mer » fait bien partie du cycle dernier des testaments. Longtemps conçue comme l'ultime pièce du recueil, elle a tous les caractères d'un épilogue épique. Message d'optimisme volontaire, tentative finale pour justifier une vie et une œuvre face à l'anéantissement attendu. Chatterton avait tort, non de penser, mais de brûler ses livres. Dans ces vers, où il voyait encore en 1862 la clausule des *Destinées*, face aux faux dieux de la multitude qui vont déferler en 1848, Vigny martèle ses croyances pour les croire.

LA BOUTEILLE À LA MER

CONSEIL À UN JEUNE HOMME INCONNU

I

Courage, ô faible enfant, de qui ma solitude
Reçoit ces chants plaintifs, sans nom, que vous jetez
Sous mes yeux ombragés du camail[1] de l'étude.
Oubliez les enfants par la mort arrêtés;
Oubliez Chatterton, Gilbert et Malfilâtre[2];
De l'œuvre d'avenir saintement idolâtre,
Enfin, oubliez l'homme en vous-même. — Écoutez :

1. *Camail :* pèlerine à capuchon que les évêques et les chanoines portent pardessus leur surplis. — Vigny aime évoquer son travail par des traits ecclésiastiques et monastiques. Une pièce de son « ermitage » lui servait de « cellule ». « Je m'enferme et je mets mon capuchon de bénédictin pour écrire »; 2. *Chatterton*, *Gilbert*, *Malfilâtre :* ces trois noms sont pour Vigny les symboles des poètes sacrifiés dès leur jeunesse à l'incompréhension et à la méchanceté des hommes. Il a consacré au premier le drame de *Chatterton* (1835) et au deuxième une des parties de *Stello* (1832). Quant à *Malfilâtre* (1732-1767), il a aussi sa légende, répandue d'ailleurs par un vers de Gilbert : « La faim mit au tombeau Malfilâtre ignoré. »

QUESTIONS

● VERS 1-7. Quelle attitude en face de la vie Vigny conseille-t-il de refuser (vers 4-5)? — Commentez les vers 6 et 7 d'après cette note de 1854 : « Il faut que l'homme de pensée s'élève d'un degré au-dessus de la pitié qu'il a de lui-même en abrégeant sa vie comme Gilbert ou Chatterton. Il est bon qu'il pense seulement à ce qu'il laisse et non à ce qu'il fut. » Comparez aux vers 73-74 de « la Mort du Loup » (1838).

II

Quand un grave marin voit que le vent l'emporte
Et que les mâts brisés pendent tous sur le pont,
Que dans son grand duel la mer* est la plus forte
Et que par des calculs l'esprit* en vain répond;
Que le courant l'écrase et le roule en sa course,
Qu'il est sans gouvernail et partant sans ressource,
Il se croise les bras dans un calme profond.

III

Il voit les masses d'eau*, les toise et les mesure,
Les méprise en sachant qu'il en est écrasé[1],
Soumet son âme* au poids de la matière impure*
Et se sent mort ainsi que son vaisseau rasé.
— A de certains moments, l'âme* est sans résistance
Mais le penseur* s'isole et n'attend d'assistance
Que de la forte foi dont il est embrasé.

IV

Dans les heures du soir, le jeune Capitaine
A fait ce qu'il a pu pour le salut des siens.
Nul vaisseau n'apparaît sur la vague lointaine,
La nuit tombe, et le brick[2] court aux rocs indiens[3].
— Il se résigne, il prie; il se recueille, il pense*
A celui qui soutient les pôles et balance
L'équateur hérissé des longs méridiens.

---

1. Vigny résume ainsi le texte du « roseau pensant » de Pascal dans un coin de son manuscrit de « la Maison du Berger » : « Pascal a dit à peu près : Je suis plus grand que l'univers parce que je sais qu'il m'écrase, et il m'écrase sans le savoir »; 2. *Brick :* bateau de faible tonnage, incapable de contenir les « trois cents braves » qu'évoque le vers 85; 3. Il s'agit des « Indes occidentales », c'est-à-dire des côtes de l'Amérique du Sud.

QUESTIONS

● VERS 8-14. Étude du rythme des vers 8-13 (accents, sonorités, avalanche de propositions subordonnées...). Comment et pourquoi le vers 14 s'oppose-t-il à lui seul au mouvement précédent? — Les personnages ainsi statufiés sont nombreux chez Vigny (voir aussi vers 15, 26, 43) : c'est Chatterton immobile devant le Lord-Maire, le Loup qui s'assied face à la meute. Quelle valeur recèlent ces immobilisations?

● VERS 15-28. Dégagez l'attitude symbolique que propose Vigny en face de l'adversité. — La solitude du poète fait sa force (vers 20-21) : dans quels textes de Vigny avez-vous rencontré ce thème? Quelle est cette *forte foi* qui embrase le penseur? Y a-t-il retour à la mystique chrétienne ou humanisme cartésien?

V

Son sacrifice est fait; mais il faut que la terre
Recueille du travail le pieux monument[1].
C'est le journal savant, le calcul solitaire,
Plus rare que la perle et que le diamant*;
C'est la carte des flots* faite dans la tempête,
La carte de l'écueil qui va briser sa tête :
Aux voyageurs* futurs sublime testament.

VI

Il écrit : « Aujourd'hui, le courant nous entraîne,
Désemparés, perdus, sur la Terre-de-Feu.
Le courant porte à l'est. Notre mort est certaine :
Il faut cingler au nord pour bien passer ce lieu.
— Ci-joint est mon journal, portant quelques études
Des constellations des hautes latitudes[2].
Qu'il aborde, si c'est la volonté de Dieu! »

VII

Puis, immobile et froid, comme le cap des brumes
Qui sert de sentinelle au détroit Magellan,
Sombre comme ces rocs au front chargé d'écumes,
Ces pics noirs dont chacun porte un deuil castillan[3],
Il ouvre* une bouteille et la choisit très forte,

---

1. *Monument :* souvenir (sens classique); 2. Voisines du pôle Sud; 3. San Diego et San Ildefonso (note de Vigny). Vigny a tiré un certain nombre de renseignements du *Journal* de Louis Antoine de Bougainville, qui avait accompli en 1766-1768 un voyage autour du monde, avec la frégate *Boudeuse* et la flûte *Etoile*, et du *Journal* du baron de Bougainville, fils du précédent, qui avait fait également le tour du monde, en 1824-1826, avec la frégate *Thétis* et la corvette *Espérance*. Les deux noms cités ici figurent dans le *Journal* du second Bougainville, paru en 1837. Vigny place le drame de son capitaine à l'endroit même où le second Bougainville essuya une violente tempête, dont il réussit à se tirer. Le naufrage évoqué ici fait penser plutôt au désastre de La Pérouse, dont les vaisseaux se perdirent sur les récifs de Vanikovo, dans le Pacifique (1788).

QUESTIONS

● VERS 29-35. *Perle* et *diamant* (vers 32) : quelle est la valeur de ces images dans l'ensemble des *Destinées?* Donnez des exemples. — Quel est le sens de cette cartographie (vers 33-35) et de ce voyage symboliques? Montrez le développement et la persistance de ce thème maritime de la *galère* de « la Maison du Berger » (vers 10) aux *Flots d'amis renaissants!* de « l'Esprit pur » (vers 68).

Tandis que son vaisseau que le courant emporte
Tourne en un cercle* étroit comme un vol de milan.

VIII

Il tient dans une main cette vieille compagne,
Ferme, de l'autre main, son flanc noir et terni.
Le cachet porte encor le blason de Champagne;
De la mousse[1] de Reims son col vert est jauni.
D'un regard*, le marin en soi-même rappelle
Quel jour il assembla l'équipage autour d'elle,
Pour porter un grand toste[2] au pavillon béni.

IX

On avait mis en panne[3], et c'était grande fête;
Chaque homme sur son mât tenait le verre en main;
Chacun à son signal se découvrit la tête,
Et répondit d'en haut par un hourrah soudain.
Le soleil souriant dorait les voiles blanches;
L'air ému[4] répétait ces voix mâles et franches,
Ce noble appel de l'homme à son pays lointain.

X

Après le cri de tous, chacun rêve en silence*.
Dans la mousse d'Aï[5] luit l'éclair d'un bonheur;
Tout au fond de son verre il aperçoit la France.

1. *Mousse :* papier doré autour du col d'une bouteille; 2. *Toste :* francisation de *toast*, propre au XIXe siècle; 3. *Mettre en panne :* disposer les voiles de façon à immobiliser le navire; 4. *Emu :* ébranlé (langue classique); 5. *Aï* (ou *Ay*) : petite ville de Champagne.

QUESTIONS

● VERS 36-53. Relevez dans les vers 36-39 et 43-46 les détails qui confèrent au poème une précision cartographique. — Deux images à caractère sphérique s'opposent ici (vers 47-49), comme s'opposent le salut et la condamnation de l'homme. Reliez-les à certaines constantes aperçues dans les poèmes précédents : en ce qui concerne le cercle, rapprochez des « Destinées » (vers 11) et du « Mont des Oliviers » (vers 114); en ce qui concerne la Bouteille, avons-nous affaire à ce faux cristal que le « Post-Scriptum » des « Oracles » associe à la cendre et oppose au diamant et au cristal? Montrez comment, par ses caractères modernes, la Bouteille échappe aux images classiques du « vase d'élection » ou de l' « urne » funéraire : message de vie et non de mort. Comparez aux vers 10-11 de « l'Esprit pur ».

La France est pour chacun ce qu'y laissa son cœur* :
L'un y voit son vieux père assis au coin de l'âtre,
Comptant ses jours d'absence; à la table du pâtre,
Il voit sa chaise vide à côté de sa sœur.

XI

Un autre y voit Paris, où sa fille penchée
Marque avec le compas[1] tous les souffles de l'air,
Ternit de pleurs la glace où l'aiguille est cachée*,
Et cherche à ramener l'aimant avec le fer.
Un autre y voit Marseille. Une femme se lève,
Court au port et lui tend un mouchoir de la grève,
Et ne sent pas ses pieds enfoncés dans la mer*.

XII

O superstition des amours ineffables,
Murmures de nos cœurs* qui nous semblez des voix,
Calculs de la science, ô décevantes fables!
Pourquoi nous apparaître en un jour tant de fois?
Pourquoi vers l'horizon nous tendre ainsi des pièges?
Espérances roulant comme roulent les neiges;
Globes toujours pétris et fondus sous nos doigts!

XIII

Où sont-ils à présent? Où sont ces trois cents braves[2]?
Renversés par le vent dans les courants maudits,
Aux harpons indiens[3] ils portent pour épaves
Leurs habits déchirés sur leurs corps refroidis.

---

1. *Compas :* boussole marine portant une rose des vents; 2. « L'armement de la *Thétis* était de quarante-quatre canons et de trois cents matelots », raconte le baron de Bougainville; 3. Réminiscence de Bougainville, qui a vu aux mains des Fuégiens « des os de poisson longs d'un pied, aiguisés par le bout et dentelés sur un des côtés. Est-ce un poignard? Je crois plutôt que c'est un instrument de pêche. Ils l'adaptent à une longue perche et s'en servent en manière de harpon. »

QUESTIONS

● VERS 54-77. Nous avons dans ces quatre septains un récit mis en vers; recherchez ses caractères narratifs (sens de la vie, pittoresque, émotion familière, etc.). Seuls les vers 61 et 77 ont quelque mérite poétique : montrez lequel.

Les savants officiers, la hache à la ceinture,
Ont péri les premiers en coupant la mâture :
Ainsi, de ces trois cents il n'en reste que dix!

XIV

Le Capitaine encor jette un regard* au pôle
Dont il vient d'explorer les détroits inconnus.
L'eau* monte à ses genoux et frappe son épaule;
Il peut lever au ciel l'un de ses deux bras nus.
Son navire est coulé, sa vie est révolue :
Il lance la Bouteille à la mer*, et salue
Les jours de l'avenir qui pour lui sont venus.

XV

Il sourit en songeant que ce fragile verre
Portera sa pensée* et son nom jusqu'au port,
Que d'une île inconnue il agrandit la terre,
Qu'il marque un nouvel astre et le confie au sort*,
Que Dieu peut bien permettre à des eaux* insensées
De perdre des vaisseaux, mais non pas des pensées,
Et qu'avec un flacon il a vaincu la mort.

XVI

Tout est dit. A présent, que Dieu lui soit en aide!
Sur le brick englouti l'onde* a pris son niveau.
Au large flot* de l'est le flot* de l'ouest succède,
Et la Bouteille y roule en son vaste berceau.

QUESTIONS

● VERS 78-91. Montrez que ces septains constituent le premier temps d'une méditation (interrogations anxieuses, exclamations désabusées), à laquelle s'opposent point par point les deux septains suivants (vers 92-105), deuxième temps de la méditation (attitudes et gestes de confiance et de victoire). — Analysez la valeur suggestive des images aux vers 83-84. D'où vient la perfection rythmique et musicale de ces vers? — Quel sens symbolique peut-on conférer à la strophe XIII?

● VERS 92-98. Comparez le Capitaine et le Loup : leur attitude devant la mort (ressemblances et différences). — La valeur dramatique des vers 97-98 : leur importance dans l'architecture générale du poème.

● VERS 99-105. Commentez l'antithèse qui préside au choix des images. — Montrez comment le vers 100 annonce le message de « l'Esprit pur ».

Seule dans l'Océan*, la frêle passagère*
N'a pas pour se guider une brise légère;
— Mais elle vient de l'arche et porte le rameau[1].

XVII

Les courants l'emportaient, les glaçons la retiennent
Et la couvrent des plis d'un épais manteau blanc.
Les noirs chevaux de mer*[2] la heurtent, puis reviennent
La flairer avec crainte, et passent en soufflant.
Elle attend que l'été, changeant ses destinées*,
Vienne ouvrir* le rempart des glaces obstinées,
Et vers la ligne ardente[3] elle monte en roulant.

XVIII

Un jour, tout était calme, et la mer* Pacifique[4],
Par ses vagues d'azur, d'or et de diamant*,
Renvoyait ses splendeurs au soleil du tropique.
Un navire y passait majestueusement;
Il a vu la Bouteille aux gens de mer* sacrée :
Il couvre de signaux sa flamme diaprée[5],
Lance un canot en mer* et s'arrête un moment.

---

1. « Noé lâcha de nouveau la colombe hors de l'arche. Elle revint sur le soir, et voici qu'elle avait au bec un rameau frais d'olivier » (Genèse, VIII, 10-11); **2.** Les phoques ou lions de mer, dont certains sont appelés des « souffleurs »; **3.** L'équateur; **4.** Expression du premier Bougainville; **5.** *Flamme :* longue bande de serge ou d'étamine terminée en pointe, qu'on hisse au haut du mât pour faire des signaux selon la couleur arborée.

QUESTIONS

● VERS 106-119. Étudiez le rythme et le mouvement dans chacune des deux strophes. — Au vers 110, Vigny applique à la Bouteille les termes qu'il utilise pour caractériser la condition humaine (voir aussi les vers 136 et 138). Rapprochez des vers de « la Maison du Berger » qui évoquent le voyage. — Éclairez le sens symbolique que l'on peut attribuer aux images du XVIIe septain. — *Eté, ligne ardente* (vers 117 et 119) : en quoi ces symboles annoncent-ils la strophe suivante?

● VERS 120-126. Montrez que cette strophe décrit la montée d'un espoir. Quelles couleurs amorcées dans les vers précédents aboutissent à cette *flamme diaprée* qui monte au mât (vers 125)? Étudiez le rythme ralenti et les sonorités de ces vers, en contraste avec ceux du septain précédent. — Le mouvement s'étale au vers 126 par une suspension du temps : comment et pourquoi?

XIX

Mais on entend au loin le canon des corsaires;
Le négrier[1] va fuir, s'il peut prendre le vent.
Alerte! et coulez bas ces sombres adversaires!
Noyez or et bourreaux du couchant au levant!
La frégate reprend ses canots et les jette
En son sein, comme fait la sarigue[2] inquiète,
Et par voile et vapeur[3] vole et roule en avant.

XX

Seule dans l'Océan*, seule toujours! — Perdue
Comme un point invisible en un mouvant désert*,
L'aventurière* passe errant* dans l'étendue,
Et voit tel cap secret qui n'est pas découvert.
Tremblante voyageuse* à flotter condamnée,
Elle sent sur son col que depuis une année
L'algue et les goémons lui font un manteau vert.

XXI

Un soir enfin, les vents qui soufflent des Florides[4]
L'entraînent vers la France et ses bords pluvieux.
Un pêcheur accroupi sous des rochers arides
Tire dans ses filets le flacon précieux.

1. *Négrier :* bâtiment servant à la traite des Nègres d'Afrique en Amérique; **2.** *Sarigue :* mammifère dont la femelle a sous le ventre une poche où elle met ses petits; **3.** La première frégate à vapeur a été lancée en 1840; **4.** *Florides :* pluriel venu de Chateaubriand.

QUESTIONS

● VERS 127-133. Le caractère dramatique de ces vers : montrez que le mouvement d'espoir avorte sur le *mais* du vers 127. On revient au rythme et aux sons de la strophe XVII (remarquez le rôle des *r* dans les vers 115-116 et 127-130) : étudiez ce rythme. — Pourquoi la comparaison des vers 131-133? La valeur de l'harmonie imitative du vers 133.

● VERS 134-140. Analysez les procédés de ralentissement. — Montrez que chaque détail peut être interprété symboliquement : comparez le *désert* aux « grands pays muets » de « la Maison du Berger », l'errance de l'aventurière à « la Sauvage » en quête de civilisation, les « caps » à ceux des « Destinées », pointes avancées du progrès, la voyageuse condamnée à flotter au « nageur incertain » des « Destinées » ou à la « voyageuse indolente » de « la Maison du Berger »; l'algue et les goémons ne transposent-ils pas en images maritimes le joug ou la chaîne des « Destinées »? Montrez que « la Bouteille à la Mer » est un mythe de synthèse.

Il court, cherche un savant et lui montre sa prise;
Et, sans l'oser ouvrir*, demande qu'on lui dise
Quel est cet élixir[1] noir et mystérieux.

XXII

Quel est cet élixir! Pêcheur, c'est la science,
C'est l'élixir divin que boivent les esprits*,
Trésor de la pensée* et de l'expérience;
Et si tes lourds filets, ô pêcheur, avaient pris
L'or qui toujours serpente aux veines du Mexique,
Les diamants* de l'Inde et les perles d'Afrique,
Ton labeur de ce jour aurait eu moins de prix.

XXIII

Regarde*. — Quelle joie ardente et sérieuse!
Une gloire de plus luit sur la nation.
Le canon tout-puissant et la cloche pieuse
Font sur les toits tremblants bondir l'émotion.
Aux héros du savoir plus qu'à ceux des batailles
On va faire aujourd'hui de grandes funérailles.
Lis ce mot sur les murs : « Commémoration! »

XXIV

Souvenir éternel, gloire à la découverte
Dans l'homme ou la nature, égaux en profondeur,
Dans le Juste et le Bien, source à peine entr'ouverte*,

1. *Élixir :* solution concentrée à base d'alcool (terme de l'ancienne alchimie).

QUESTIONS

● Vers 141-147. Rappelez le symbolisme des vents dans *les Destinées :* rapprochez les vers 141-142 des vers 174 et 251 de « la Maison du Berger ». — Étudiez d'après les vers 143-146 le sens de l'Humble chez Vigny. Par quelles réactions et quel vocabulaire se manifestent l'admiration, la soumission, la dévotion du pêcheur? Opposez le *pêcheur* et le *savant*, les *filets* et le *flacon*, la *prise* et *l'élixir;* ne retrouvons-nous pas là un clivage propre à Vigny entre le peuple ignorant et l'aristocratie intellectuelle? Comparez cette idée à l'admiration pour le Peuple-Roi qu'ont chanté Michelet et Hugo.

● Vers 148-161. A propos des vers 148-150, on ne peut s'empêcher d'évoquer l'oracle de la Dive Bouteille (*Pantagruel*, livre cinquième) : « Trinck » (boire aux sources de tous les savoirs). Comparez ces deux messages. — Analysez de quelle manière est suggéré l'accueil fait au message de la Bouteille.

Dans l'Art inépuisable, abîme de splendeur!
Qu'importe oubli, morsure, injustice insensée,
Glaces et tourbillons de notre traversée?
Sur la pierre des morts croît l'arbre de grandeur[1].

XXV

Cet arbre est le plus beau de la terre promise,
C'est votre phare à tous, Penseurs* laborieux!
Voguez sans jamais craindre ou les flots* ou la brise
Pour tout trésor scellé du cachet précieux.
L'or pur* doit surnager[2], et sa gloire est certaine.
Dites en souriant, comme ce Capitaine :
« Qu'il aborde, si c'est la volonté des Dieux! »

XXVI

Le vrai Dieu, le Dieu fort[3], est le Dieu des idées.
Sur nos fronts où le germe est jeté par le sort*,

---

1. L'arbre du savoir (Genèse, III), que Dieu avait interdit à l'homme et que Vigny évoque au vers 228 de « la Maison du Berger », reprend au vers 169 le superlatif que Milton lui a donné dans son *Paradis perdu :* « L'arbre de vie, arbre du milieu, l'arbre le plus grand du Paradis » (chap. IV); 2. Plutôt que l'or pur de Havila dans l'Eden (Genèse, II, 11), il semble qu'il s'agisse d'un nouveau terme d'alchimie, comme l'indique l'emploi de *surnager* (grâce à l'attraction de la pierre philosophale l'or doit monter au-dessus du mercure); 3. *Dieu fort :* expression biblique. Rapprochez de l'Exode, XX, 5.

QUESTIONS

● VERS 162-167. Comparez la satire du chemin de fer et des apprentis sorciers (« la Maison du Berger », vers 64-91) et cette louange de la découverte : n'y a-t-il pas là deux conceptions différentes de la science? — Quels rectificatifs apportés ici justifient cette apparente contradiction? — Pourquoi *source à peine entr'ouverte* (vers 164)? Comparez à « la Maison du Berger », vers 42, 205 et 208-214.

● VERS 168-175. L'arbre-phare : montrez la richesse de ce symbole, en marquant les étapes qui assurent le grandissement progressif et dynamique de l'image. Quel est le sens de ces mutations? — Comparez cet arbre, création humaine, à la croix évoquée de la même manière dans « les Destinées » (vers 27). — Comparez ce passage aux « Phares » de Baudelaire et aux « Mages » de Hugo : ressemblances et différences. — L'importance des sceaux (vers 172) : rappelez ici le vers 52. Une ébauche plus tardive, où Éva parle au poète, célèbre « le nectar scellé de votre pensée brillante » (B. N., n. a. f., 24984). En quoi cette image est-elle particulièrement bien choisie? — A propos du vers 173, commentez la lente transmutation des ors, analogue à celle des diamants et des perles, qui s'opère au long du poème, de l'or prodigué (vers 121) ou détruit (130) à l'or recherché (152), puis transformé (173).

Répandons le savoir en fécondes ondées;
Puis, recueillant le fruit tel que de l'âme* il sort,
Tout empreint du parfum des saintes solitudes[1],
Jetons l'œuvre à la mer*, la mer* des multitudes :
— Dieu la prendra du doigt pour la conduire au port.

Au Maine-Giraud, octobre 1853.

1. « Saincte Solitude », devise de Vigny en 1863. « La solitude est sainte » (*Stello*, chap. XL).

QUESTIONS

● VERS 176-182. Le vers 176 propose-t-il une conception de Dieu ou une conception de l'homme? Opposez *Dieu* (vers 176) à *sort* (vers 177). Quel *vrai Dieu* préside donc à l'optimisme du dernier vers? — Étudiez, aux vers 177-182, l'image évolutive : comment, en partant d'un symbolisme de la fécondité du sol, le poète rejoint-il l'évocation de la bouteille? Dans quelle mesure la permanence de la pensée corrige-t-elle l'incohérence des images? — Quels mots, au vers 181, explicitent les symboles? Le rythme et musique des vers 180-182.

■ SUR L'ENSEMBLE DES STROPHES XXII-XXVI. — Ces strophes forment le couronnement du poème. Montrez leur unité : réponse à une question, explicitant les symboles; permanence des thèmes (lier les vers 149-178); images et mots reliant un septain à l'autre *(Commémoration-Souvenir*, *arbre-phare*, *dieux* et *Dieu)*, etc.

— L'unité musicale : comme une cantate en trois mouvements. Strophes XXII-XXIII : chant religieux à une voix célébrant la Science; strophes XXIV-XXV : hymne collectif d'espoir, lancé par le mot *Commémoration;* strophe XXVI : final martelant les certitudes. Ne pourrait-on pas comparer aussi ce lyrisme à celui du chœur final de la *IXe Symphonie* de Beethoven? (cf. vers 155).

■ SUR L'ENSEMBLE DE « LA BOUTEILLE À LA MER ». — La pédagogie de Vigny : quels caractères de « la Bouteille à la Mer » apparentent le poème au genre de la fable ou de la parabole?

— Le mysticisme laïque de Vigny : montrez comment Vigny transforme l'idée de Providence en optimisme humanitaire.

— La genèse du poème : utilisez le texte donné dans la Documentation thématique. Quelles indications apporte l'existence de cette variante?

WANDA

[HISTOIRE RUSSE]

Longue moralité en vers, romancée par épisodes, « Wanda » fait le procès de l'absolutisme. C'est, au sein du recueil, le contrepoids voulu de la satire du parlementarisme, esquissée dans « la Maison du Berger » et achevée dans « les Oracles ». Vigny a choisi de se situer, politiquement, entre ces deux extrêmes, également honnis pour l'immoralité qu'ils engendrent.

Des lectures, des conversations lui ont fourni la trame du sujet. Et d'abord ces princes Mouraviev, dont il fut le condisciple à la pension Hix en 1807 et dont il a suivi de loin la carrière tragique (à la suite de l'échec du complot « décembriste » contre Nicolas Ier, en 1825, ils furent condamnés l'un à mort, l'autre au bagne de Sibérie comme leur complice Serge Troubetskof). Bien des ébauches en prose jalonnent la maturation d'une œuvre qui se cherche : « le Despote » en 1833, « le Russe » en 1844. C'est enfin la rencontre de Wanda Kosakowska en 1845, au Théâtre-Italien, qui décide de sa réalisation, par le récit qu'elle lui fait du calvaire de sa sœur, la princesse Troubetskova. Vigny relit alors de près *la Russie en 1839*, que Custine a publié deux ans plus tôt, et cherche à renouer conversation avec Wanda, au bal polonais du prince Czartorisky, le 4 février 1847. Toutes ces confidences, mêlées aux renseignements puisés dans Custine et dans Tourgueniev (*la Russie et les Russes*, 1847), aboutissent à un canevas en prose, violent comme un réquisitoire. La mise en vers est achevée en novembre 1847.

Dix ans plus tard, le poème trouve son épilogue avec la mort de Nicolas Ier au siège de Sébastopol (1855). Deux « billets à Wanda », écrits en 1857, mais datés de 1855 pour les besoins de la cause, tirent les leçons de l'Histoire. (Le 21 octobre 1857, dans son salon, Vigny pourra enfin lire à son amie l'œuvre achevée.) Au fond, au-delà des thèmes humanitaires (la femme, la mère, l'innocence, la clémence), ces leçons de l'Histoire en reviennent à *Cinq-Mars*. « Sans aristocratie, il n'y a que tyrannie, dans les monarchies comme dans les démocraties », écrivait Custine.

CONVERSATION AU BAL A PARIS

I

UN FRANÇAIS

Qui donc vous a donné ces bagues enchantées
Que vous ne touchez pas sans un air de douleur?
Vos mains, par ces rubis, semblent ensanglantées.

Ces cachets grecs, ces croix, souvenirs d'un malheur,
Sont-ils chers et cruels? sont-ils expiatoires?
Le pays des Ivans a seul ces perles noires,
D'une contrée en deuil symboles sans couleur.

II

WANDA, *grande dame russe.*

Celle qui m'a donné ces ornements de fête,
Ce cachet dont un Czar fut le seul possesseur,
Ces diamants en feu qui tremblent sur ma tête,
Ces reliques sans prix d'un Saint intercesseur,
Ces rubis, ces saphirs qui chargent ma ceinture,
Ce bracelet qu'émaille une antique peinture,
Ces talismans sacrés, c'est l'esclave ma sœur.

III

Car elle était Princesse, et maintenant qu'est-elle?
Nul ne l'oserait dire et n'ose le savoir.
On a rayé le nom dont le monde l'appelle.
Elle n'est qu'une femme et mange le pain noir,
Le pain qu'à son mari donne la Sibérie,
Et parmi les mineurs s'assied pâle et flétrie
Et boit chaque matin les larmes du devoir.

IV

En ce temps-là, ma sœur, sur le seuil de la porte,
Nous dit : « Vivez en paix, je vais garder ma foi.
Gardez ces vanités; au monde je suis morte,
Puisque le seul que j'aime est mort devant la loi.
Des splendeurs de mon front conservez les ruines;
Je le suivrai partout, jusques au fond des mines.
Vous qui savez aimer, vous feriez comme moi.

V

« L'Empereur tout-puissant, qui voit d'en haut les choses,
Du prince mon seigneur voulut faire un forçat.

Dieu seul peut réviser un jour ces grandes causes
Entre le souverain, le sujet et l'État.
Pour moi, je porterai mes fils sur mon épaule
Tandis que mon mari, sur la route du pôle,
Marche et traîne un boulet, conduit par un soldat.

VI

« La fatigue a courbé sa poitrine écrasée;
Le froid gonfle ses pieds dans des chemins mauvais;
La neige tombe en flots sur sa tête rasée;
Il brise les glaçons sur le bord des marais.
Lui de qui les aïeux s'élisaient pour l'Empire
Répond : « Serge », au camp même où tous leur disaient :
[« Sire ».
Comment puis-je à Moscou dormir dans mon palais?

VII

« Prenez donc, ô mes sœurs, ces signes de mollesse.
J'irai dans les caveaux, dans l'air empoisonneur,
Conservant seulement, de toute ma richesse,
L'aiguille et le marteau pour luxe et pour honneur;
Et, puisqu'il est écrit que la race des Slaves
Doit porter et le joug et le nom des esclaves,
Je descendrai vivante au tombeau du mineur.

VIII

« Là, j'aurai soin d'user ma vie avec la sienne :
Je soutiendrai ses bras quand il prendra l'épieu;
Je briserai mon corps, pour que rien ne retienne
Mon âme, quand son âme aura monté vers Dieu;
Et bientôt, nous tirant des glaces éternelles,
L'ange de mort viendra nous prendre sous ses ailes
Pour nous porter ensemble aux chaleurs du ciel bleu. »

IX

Et ce qu'elle avait dit, ma sœur l'a bien su faire;
Elle a tissé le lin, et de ses écheveaux
Espère en vain former son linceul mortuaire,

Et depuis vingt hivers achève vingt travaux,
Calculant jour par jour, sur ses mains enchaînées,
Le grain du chapelet de ses sombres années.
Quatre enfants ont grandi dans l'ombre des caveaux.

X

Leurs yeux craignent le jour, quand sa lumière pâle
Trois fois dans une année éclaire leur pâleur.
Comme pour les agneaux, la brebis et le mâle
Sont parqués à la fois par le mauvais pasteur.
La mère eût bien voulu qu'on leur apprît à lire,
Puisqu'ils portaient le nom des Princes de l'Empire,
Et n'ont rien fait encor qui blesse l'Empereur.

XI

Un jour de fête, on a demandé cette grâce
Au Czar, toujours affable et clément souverain,
Lorsqu'au front des soldats seul il passe et repasse.
Après dix ans d'attente, il répondit enfin :
« Un esclave a besoin d'un marteau, non d'un livre :
La lecture est fatale à ceux-là qui, pour vivre,
Doivent avoir bon bras pour gagner un bon pain. »

XII

Ce mot fut un couteau pour le cœur de la mère;
Avant qu'il ne fût dit, quand s'asseyait ma sœur,
Ses larmes sillonnaient la neige sur la terre,
Tombant devant ses pieds, non sans quelque douceur
Mais aujourd'hui, sans pleurs, elle passe l'année
A regarder ses fils d'une vue étonnée;
Ses yeux secs sont glacés d'épouvante et d'horreur!

XIII

LE FRANÇAIS

Wanda, j'écoute encore après votre silence.
J'ai senti sur mon cœur peser ce doigt d'airain
Qui porte au bout du monde à toute âme qui pense

Les épouvantements du fatal souverain.
— Cet homme enseveli vivant avec sa femme,
Ces esclaves enfants dont on va tuer l'âme,
Est-ce de notre siècle ou du temps d'Ugolin?

XIV

Non, non, il n'est pas vrai que le Peuple en tout âge,
Lui seul ait travaillé, lui seul ait combattu;
Que l'immolation, la force et le courage
N'habitent pas un cœur de velours revêtu.
Plus belle était la vie et plus grande est sa perte,
Plus pur est le calice où l'hostie est offerte.
Sacrifice, ô toi seul peut-être es la vertu!

XV

Tandis que vous parliez, je sentais dans mes veines
Les imprécations bouillonner sourdement.
Vous ne maudissez pas, ô vous, femmes Romaines!
Vous traînez votre joug silencieusement.
Éponines du Nord, vous dormez dans vos tombes,
Vous soutenez l'esclave au fond des catacombes
D'où vous ne sortirez qu'au dernier jugement.

XVI

Peuple silencieux! Souverain gigantesque!
Lutteurs de fer toujours muets et combattants!
Pierre avait commencé ce duel romanesque :
Le verrons-nous finir? — Est-il de notre temps?
Le dompteur est debout nuit et jour, et surveille
Le dompté qui se tait jusqu'à ce qu'il s'éveille,
Se regardant l'un l'autre ainsi que deux Titans.

XVII

En bas, le Peuple voit de son œil de Tartare
Ses Seigneurs révoltés, combattus par ses Czars,
Aiguise sur les pins sa hache et la prépare

A peser tout son poids dans les futurs hasards.
En haut, seul, l'Empereur sur la Russie entière
Promène en galopant l'autre hache, dont Pierre
Abattit de sa main les têtes des Boyards.

XVIII

Une nuit, on a vu ces deux larges cognées
Se heurter, se porter des coups profonds et lourds.
Les hommes sont tombés; les femmes, résignées,
Ont marché dans la neige à la voix des tambours,
Et, comme votre sœur, ont d'une main meurtrie
Bercé leurs fils au bord des lacs de Sibérie,
Et cherché pour dormir la tanière des ours.

XIX

Et ces femmes sans peur, ces reines détrônées,
Dédaignent de se plaindre et s'en vont au désert
Sans détourner les yeux, sans même être étonnées
En passant sous la porte où tout espoir se perd.
A voir leur front si calme, on croirait qu'elles savent
Que leurs ans, jour par jour, par avance se gravent
Sur un livre éternel devant le Czar ouvert.

XX

Quel signe formidable a-t-il au front, cet homme?
Qui donc ferma son cœur des trois cercles de fer
Dont s'étaient cuirassés les Empereurs de Rome
Contre les cris de l'âme et les cris de la chair?
Croit-on parmi vos serfs qu'à la fin il se lasse
De semer les martyrs sur la neige et la glace,
D'entasser les damnés dans un terrestre enfer?

XXI

S'il était vrai qu'il eût au fond de sa poitrine
Un cœur de père ému des pâleurs d'un enfant,
Qu'assis près de sa fille à la beauté divine,

Il eût les yeux en pleurs, l'air doux et triomphant,
Qu'il eût pour rêve unique et désir de son âme
Quelques jours de repos pour emporter sa femme
Sous les soleils du Sud qui réchauffent le sang;

XXII

S'il était vrai qu'il eût conduit hors du servage
Un peuple tout entier de sa main racheté,
Créant le pasteur libre et créant le village
Où l'esclave Tartare avait seul existé,
Pareil au voyageur dont la richesse est fière
D'acheter mille oiseaux et d'ouvrir la volière
Pour leur rendre à la fois l'air et la liberté;

XXIII

Il aurait déjà dit : « J'ai pitié, je fais grâce;
L'ancien crime est lavé par les martyrs nouveaux »;
Sa voix aurait trois fois répété dans l'espace,
Comme la voix de l'Ange ouvrant les derniers sceaux,
Devant les Nations surprises, attentives,
Devant la race libre et les races captives :
« La brebis m'a vaincu par le sang des agneaux. »

XXIV

Mais il n'a point parlé, mais cette année encore
Heure par heure en vain lentement tombera,
Et la neige sans bruit, sur la terre incolore,
Aux pieds des exilés nuit et jour gèlera.
Silencieux devant son armée en silence,
Le Czar, en mesurant la cuirasse et la lance,
Passera sa revue et toujours se taira.

5 novembre 1847.

DIX ANS APRÈS

UN BILLET DE WANDA

AU MÊME FRANÇAIS, A PARIS

De Tobolsk, en Sibérie, le 21 octobre 1855, jour de la bataille de l'Alma.

Vous disiez vrai. Le Czar s'est tu. — Ma sœur est morte.
Les serfs de Sibérie ont porté le cercueil,
Et les fils de la sainte et de la Femme forte
Comme esclaves suivaient, sans nom, sans rang, sans deuil.
La cloche seule émeut la ville inanimée.
Mais, au sud, le canon s'entend vers la Crimée.
Et c'est au cœur de l'Ours que Dieu frappe l'orgueil.

SECOND BILLET DE WANDA

AU MÊME FRANÇAIS

De Tobolsk, en Sibérie, après la prise du fort de Malakoff.

Sébastopol détruit n'est plus. — L'aigle de France
L'a rasé de la terre, et le Czar étonné
Est mort de rage. — On dit que la balance immense
Du Seigneur a paru quand la foudre a tonné.
— La sainte la tenait flottante dans l'espace,
L'épouse, la martyre a peut-être fait grâce,
Dieu du ciel! — Mais la mère a-t-elle pardonné?

L'ESPRIT PUR

Dernier grandissement, ultime tentative de sublimation de tous les ratages de sa vie, « l'Esprit pur » de Vigny sonne d'abord comme une revanche espérée. Placé en position idéale, le poète trouve enfin la place qu'il savait mériter et que la société lui a chichement mesurée. Chant de la glorification de soi-même. Au-delà des titres de sa noblesse du XVIe siècle, que la vie moderne a rendu désuets et que le temps a usés, le gentilhomme des lettres oppose au monde périmé dont il est issu la gloire orgueilleuse du génie littéraire. Ces litanies ronsardiennes du divin laurier forment son dernier catéchisme.

Un tel poème n'est pas né au hasard, en fin de course. Il est un aboutissement où Vigny cristallise l'essentiel de sa foi en l'homme. Mais si le passage paraît achevé d'une aristocratie à l'autre, il fut long à se faire. Voici d'abord le mythe familial qu'il vivait en 1832 : « Je suis né à Loches, raconte le *Journal.* [...] Je restai seul, le plus faible et le dernier d'une ancienne et nombreuse famille de Beauce. Mon grand-père était fort riche. Vigny, le Tronchet, Gravelle, Émerville, Saint-Mars, Sermaize, Courquetaine, etc., étaient des terres à lui. Il ne m'en reste que les noms sur une généalogie. Il faisait en Beauce avec mon père et ses sept frères de grandes chasses au loup. Il tenait un état de prince. La Révolution détruisit tout. » Peu importe que ces richesses soient fabulées et que la mère de Vigny sourie elle-même des exagérations de son fils ; cette exaltation mythique des Vigny de Charles IX, sinon de Philippe Auguste, des Baraudini de François Ier, de leurs fortunes et de leurs gloires, a été pendant toute la vie du poète sa vérité et sa force. « J'écrirai leur histoire », se promet-il en 1838. Il rêve un roman historique sur leurs parchemins, écrit une notice sur ses aïeux « depuis l'an 1096 ». Poète de race, désigné par son origine pour commander aux hommes, il va se trouver déshérité jusque dans son mariage et moqué jusqu'à l'Académie. Ne parlons ni de ses déboires militaires, ni de ses insuccès électoraux, ni de ses amertumes amoureuses : Vigny, sensible à l'extrême aux « épines », tire de ses expériences le constat perpétuel d'un échec dans sa réinsertion sociale. Nous comprenons ses multiples tentatives échappatoires; elles aboutissent toutes à « l'Esprit pur », remède, mythique lui aussi, à son mal du siècle.

Après l'interrogation fataliste initiale du recueil, « la Maison du Berger » manifestait la première de ces fuites. Et « l'Esprit pur » est déjà mêlé à sa genèse (1843-1844). Non seulement on en trouve la formulation dans le septain final, mais on sait, grâce aux documents révélés par P. Flottes, comment certaines strophes détachées de ce poème formeront le début de « l'Esprit pur ». Un manuscrit de 1843 (B. N., n. a. f., 25086) présentait ces ébauches sous le titre de « l'Épreuve du temps » et du « Musée idéal » :

Si l'orgueil prend *mon* cœur quand le Peuple me nomme,
Que de mes livres seuls *me* vienne la fierté,

avait-il d'abord écrit, spectateur de lui-même. L'Éva de « la Maison du Berger » apporte à ce thème narcissique le premier changement : Vigny rature les premières personnes abusives et s'adresse à sa compagne idéale. Mais ce n'est encore que le chant du cygne d'une fin de race : « Je suis le premier célèbre et le dernier de mon nom. Mon nom, comme le cygne, chante en expirant », note le *Journal* à la date du 8 mars 1856. Pourtant Vigny se veut déjà témoin de l'Esprit et prince des poètes. Dans un article de 1857, Sainte-Beuve n'indiquait-il pas toute une pléiade de poètes qui, issus de Vigny, se donnaient pour idéal de « relever l'Esprit pur ». Assumant alors ce rôle qu'il ambitionnait depuis longtemps, Vigny a peut-être trouvé chez eux confirmation de son titre définitif? Après le rêve du couple, c'est en tout cas le rêve de générations de disciples qui va le fortifier.

Mais quelle est l'Éva de 1862? Marie Dorval, Mme Ancelot et Mme Holmès sont mortes; Lydia meurt à la fin de l'année; Augusta Holmès, filleule et sans doute fille du poète, se récuse et se rebelle contre lui après avoir été fière, enfant, de lui ressembler; Louise Colet cesse toute relation en 1857, Élisa Lebreton en 1858. Augusta Bouvard devient sa maîtresse à la même époque. Julia Battlegang lui écrit toujours. Là encore, malgré les dires de Busoni, le débat reste stérile, confiné aux rencontres féminines. Éva, Ève, c'est, au-delà des derniers visages entrevus, l'humanité présente et à venir qui se glorifie de son poète. La vision s'est amplifiée aux dimensions de la mort à vaincre.

La mutation du gentilhomme s'achève parallèlement : « L'aristocratie européenne, écrit-il dans son *Journal*, succède, malgré l'esprit démocrate, à la noblesse féodale européenne. L'élite par la naissance et l'hérédité remplacée par une élite de supériorité intellectuelle qui appartient à toutes les nations » (1862). Relent de saint-simonisme? Aucunement, mais prométhéisme sublimé. De 1838 à 1862, de « la Mort du Loup » à « l'Esprit pur », la démarche a été lente, mais d'une rigoureuse logique. Vigny a mis son point d'honneur à ce que son chant final soit celui d'un vainqueur et non d'un vaincu; mais cela ne fut possible que par la mutation de l'ambition en idéal et de l'échec en mythe.

« L'Esprit pur »; son sens est maintenant clair. Il n'a d'abord rien à voir avec les « purs esprits » de l'occultisme.

> Souvent dans l'être obscur habite un Dieu caché.
> Un pur esprit s'accroît sous l'écorce des pierres,

disent les *Vers dorés* de Nerval en 1845. Lamartine avait écrit de même dans *la Mort de Socrate :*

> Tout est intelligent, tout vit, tout est un Dieu.

« Tout est plein d'âmes », révélera « la Bouche d'ombre » de Hugo. Ce monde hanté n'est pas le fait de Vigny, rationaliste cartésien. L'évocation biblique du vers 243 d' « Éloa » (« Purs Esprits, enfants de la lumière ») ne laisse aucune trace après 1823. Seul l'esprit pur de « la Maison du Berger » recèle encore la notion d'âme, proche qu'il est du *Pure Spirit* de la solitude inspiratrice que Shelley oppose à la « foule en délire » *(Alastor)*. Mais Vigny est déjà passé de l'adjectif antéposé à sens métaphysique à l'adjectif postposé à sens moral : « l'Esprit pur », c'est la pensée humaine restée sans tache. Ainsi le penseur, supérieur à l'homme d'action compromis par ses concessions, peut présenter les idées « toutes nues, pures des souillures de la vie, libres de ses accidents et ne leur devant rien ». Le couple sémantique « esprit » et « pureté » représente cet idéal moral. Vigny écrit de Lamartine : « Il est en rapport avec tous les cœurs. Il ne lui reste plus qu'à l'être avec l'esprit par la pureté » (lettre à Hugo, 1823).

A cette sauvegarde de l'intégrité du penseur s'est peut-être ajoutée l'influence de Senancour et de Malebranche. « L'Esprit pur » n'est-il pas le titre de la troisième partie de la *Recherche de la vérité*, que Vigny a méditée en 1842? « Je l'ai appelé esprit pur ou entendement pur, écrit Malebranche, lorsqu'il reçoit de Dieu les idées toutes pures de la vérité, sans mélange de sensations et d'images, non pas par l'union qu'il a avec le corps, mais par celle qu'il a avec le Verbe ou la sagesse de Dieu » (*De la recherche de la vérité*, XII). Les termes qu'emploie le poète ont la même facture théologique, jusqu'au Verbe et jusqu'au Saint-Esprit. Mais tout contenu s'y trouve laïcisé. Des expressions du philosophe chrétien, qui caractérisaient un entendement purifié de la perception pour se mettre à l'écoute d'un autre Dieu que lui-même, de cette *mens purissima*, héritée de saint Augustin, Vigny a tiré la louange de ce bon sens unanimement partagé et généralement trahi que vantait Descartes, cette raison universelle, fille de l'intelligence, créatrice des idées justes qui devront mener le monde. Paraclet de l'Esprit humain, après la défaite du Dieu cru incarné, l'Esprit pur manifeste la suprématie de l'œuvre des libertés sur tout agencement de la fatalité ou de la grâce, la victoire de l'Écrit sur l'Écriture.

Le poème fut achevé en mars 1863.

L'ESPRIT PUR

À ÉVA

I

Si l'orgueil prend ton cœur* quand le peuple me nomme,
Que de mes livres seuls te vienne ta fierté.
J'ai mis sur le cimier doré du gentilhomme
Une plume de fer qui n'est pas sans beauté.
J'ai fait illustre un nom qu'on m'a transmis sans gloire.

Phot. Larousse.

LAMARTINE ET LEDRU-ROLLIN
à leur sortie de l'Hôtel de Ville, le 15 mai 1848.

Qu'il soit ancien[1], qu'importe? il n'aura de mémoire
Que du jour seulement où mon front l'a porté[2].

II

Dans le caveau des miens plongeant mes pas nocturnes,
J'ai compté mes aïeux, suivant leur vieille loi.
J'ouvris* leurs parchemins[3], je fouillai dans leurs urnes
Empreintes sur le flanc des sceaux de chaque roi.
A peine une étincelle a relui dans leur cendre.
C'est en vain que d'eux tous le sang m'a fait descendre :
Si j'écris leur histoire, ils descendront de moi.

III

Ils furent opulents, seigneurs de vastes terres[4],
Grands chasseurs devant Dieu, comme Nemrod[5], jaloux
Des beaux cerfs qu'ils lançaient des bois héréditaires
Jusqu'où voulait la mort les livrer à leurs coups;
Suivant leur forte meute à travers deux provinces,
Coupant les chiens du roi, déroutant ceux des princes,
Forçant les sangliers et détruisant les loups;

---

1. Loin de remonter jusqu'à 1096, la noblesse des Vigny date d'un receveur bourgeois de Paris anobli par Charles IX (1570); **2.** « Je suis le premier célèbre et le dernier de mon nom » (*Journal*, 1856). Même réaction d'orgueil personnel chez Chateaubriand : « Quant à moi, je ne me glorifie ni ne me plains de l'ancienne ou de la nouvelle société. Si dans la première j'étais le chevalier ou le vicomte de Chateaubriand, dans la seconde je suis François de Chateaubriand. Je préfère mon nom à mon titre » (*Mémoires d'outre-tombe*, I, I); **3.** « Dès que je sus lire, on me montra ma généalogie et mes parchemins que j'ai encore en portefeuille » (cité par V. L. Saulnier). D'où les projets de romans : *Maine-Giraud* (1838), *Blanzac* (1848); **4.** Mythe des Vigny : « Mon père était le cadet de douze enfants et mon grand-père (Guy Victor de Vigny) un des meilleurs gentilhommes et des plus riches propriétaires de la Beauce. Ses terres, dont je n'ai en ma possession que les noms, écrits sur ma généalogie, y sont inscrites ainsi après son nom : seigneur du Tronchet, de Moncharville, des deux Emerville, Isy, Frêne, Joinville, Folleville, Graville et autres lieux » (cité par V. L. Saulnier); **5.** Nemrod était un « robuste chasseur devant l'Éternel » (Genèse, x, 9).

QUESTIONS

● VERS 1-14. Au premier jet, Vigny avait pensé s'adresser à lui-même (vers 1-2). Il rature et s'adresse à l'Éva de « la Maison du Berger » (dont ce septain faisait initialement partie). Qu'indique ce changement? — Dans ces vers, les accents portent sur les signes de l'orgueil. Analysez ce rythme et la charge affective des mots mis en valeur. Aux vers 3-4 l'ambivalence (plumet de casque et plume pour écrire) est-elle ridicule? — Comment expliquez-vous que Vigny, si fier de sa famille, ose en nier la gloire (vers 5-14)? Commentez cette seconde mutation de ses dispositions intérieures. — L'orgueil n'éclate-t-il pas jusque dans la structure des alexandrins?

IV

Galants guerriers sur terre et sur mer*, se montrèrent
Gens d'honneur en tout temps comme en tous lieux, cherchant,
De la Chine au Pérou les Anglais, qu'ils brûlèrent
Sur l'eau* qu'ils écumaient du levant au couchant[1];
Puis, sur leur talon rouge[2], en quittant les batailles,
Parfumés et blessés revenaient à Versailles
Jaser à l'Œil-de-Bœuf[3] avant de voir leur champ.

V

Mais les champs de la Beauce avaient leurs cœurs*, leurs [âmes*,
Leurs soins. Ils les peuplaient d'innombrables garçons,
De filles qu'ils donnaient aux chevaliers pour femmes,
Dignes de suivre en tout l'exemple et les leçons;
Simples et satisfaits si chacun de leur race
Apposait Saint Louis en croix[4] sur sa cuirasse,
Comme leurs vieux portraits qu'aux murs noirs nous plaçons.

VI

Mais aucun, au sortir d'une rude campagne,
Ne sut se recueillir, quitter le destrier,
Dételer pour un jour ses palefrois d'Espagne,
Ni des coursiers de chasse enlever l'étrier,
Pour graver quelque page et dire en quelque livre
Comme son temps vivait et comment il sut vivre,
Dès qu'ils n'agissaient plus, se hâtant d'oublier.

---

1. Allusion à M. de Baraudin, « vieux et vénérable chef d'escadre du temps de cette grande marine de Louis XIV qui rivalisait avec celle de l'Angleterre et partageait l'Océan avec elle » (*Journal*, 1847); **2.** Mode des « grands » à la Cour au temps de Louis XIV; **3.** Antichambre, éclairée par une fenêtre ronde, où les courtisans attendaient le lever du roi, au château de Versailles; **4.** Allusion à la croix de Saint Louis de son père.

QUESTIONS

● VERS 15-35. Pour décrire ses aïeux, Vigny adopte un style pittoresque, voire archaïque : relevez tous les termes qui créent la couleur historique; quel genre de clichés le poète choisit-il pour constituer cette « imagerie » du passé? — Étudiez l'emploi des enjambements et leur valeur rythmique. — *Cœurs*, *âmes*, *soins* (vers 29-30) : quelle place cette trilogie occupait-elle déjà dans « la Maison du Berger »? Montrez que, d'un poème à l'autre, Vigny n'a pas varié dans sa conception de la condition humaine : la totalité de l'être peut-elle rester vouée à la terre et aux valeurs charnelles?

VII

Tous sont morts en laissant leur nom sans auréole*;
Mais sur le disque d'or voilà qu'il est écrit,
Disant : « Ici passaient deux races de la Gaule
Dont le dernier vivant monte au temple et s'inscrit,
Non sur l'obscur amas des vieux noms inutiles
Des orgueilleux méchants et des riches futiles,
Mais sur le pur* tableau des titres de l'ESPRIT*. »

VIII

Ton règne est arrivé, PUR* ESPRIT*, roi du monde!
Quand ton aile d'azur dans la nuit nous surprit,
Déesse de nos mœurs, la guerre vagabonde*
Régnait sur nos aïeux. Aujourd'hui, c'est l'ÉCRIT,
L'ÉCRIT UNIVERSEL, parfois impérissable,
Que tu graves au marbre ou traces sur le sable*,
Colombe au bec d'airain! VISIBLE SAINT-ESPRIT*!

IX

Seul et dernier anneau* de deux chaînes brisées[1],
Je reste. Et je soutiens encor dans les hauteurs,
Parmi les maîtres purs* de nos savants musées,

1. Réminiscence lamartinienne : « C'était le seul anneau de ma chaîne brisée » (Mort de Julia, dans le *Voyage en Orient*). On sait que trois frères de Vigny sont morts prématurément, que nombreux ont été ses oncles et cousins victimes de la Révolution, enfin que Lydia de Vigny, après deux accidents de maternité, a dû renoncer à tout espoir d'enfant. Vigny écrivait en 1832 : « Je restais seul, le plus faible et le dernier d'une ancienne et nombreuse famille de Beauce » *(Journal)*.

QUESTIONS

● VERS 36-49. Étudiez, dans les vers 36-39, l'emploi du vocabulaire troubadour : quel sentiment traduit-il à l'égard d'une tradition révolue? — De l'*auréole* (vers 43) au *temple* de la renommée (vers 46), comment glisse-t-on d'une image à l'autre? — Rapprochez l'image du *temple* des vers 8-12 et du mot *musée* (vers 59) : style néo-classique ou parnassien? — Dans les vers 47-49 à quels autres titres s'opposent les *titres de l'esprit?*

● VERS 50-56. Pourquoi l'adjectif pur est-il antéposé au vers 50? La valeur de ses liaisons avec *Esprit* et *Idéal* (vers 49-50, 58-60). — Dans les vers 54-56, analysez les composantes des symboles : *marbre* gravé, *sable* du désert humain, *colombe au bec d'airain*, en les rapprochant des images correspondantes rencontrées dans *les Destinées*. A quelle évolution matérielle des symboles assistons-nous? — Comment Vigny s'y prend-il pour conférer aux emprunts qu'il fait à la terminologie chrétienne un sens tout personnel (vers 56)?

L'IDÉAL*[1] du poète et des graves[2] penseurs*.
J'éprouve sa durée en vingt ans de silence*,
Et toujours, d'âge en âge encor, je vois la France
Contempler mes tableaux et leur jeter des fleurs.

X

Jeune postérité d'un vivant qui vous aime!
Mes traits dans vos regards* ne sont pas effacés;
Je peux en ce miroir *me connaître moi-même*,
Juge toujours nouveau de nos travaux passés!
Flots* d'amis renaissants! Puissent mes destinées*
Vous amener à moi, de dix en dix années,
Attentifs à mon œuvre, et pour moi c'est assez!

10 mars 1863.

1. Terme trois fois souligné dans le manuscrit 25086 de la Bibliothèque nationale; 2. *Graves* a été substitué à « libres », pour éviter toute confusion. (Le livre de Veuillot sur *les Libres Penseurs* a été publié en 1848.)

QUESTIONS

● VERS 58-63. Comparez la strophe IX aux strophes III-VII : quel est le sens profond de cette opposition des valeurs charnelles et des valeurs spirituelles? — Montrez que la dureté minérale des symboles précédents semble s'adoucir avec la réapparition du *je;* que pourtant le style garde la même tenue hautaine. Utilisez pour cela l'analyse du rythme (position des affirmations et des accents, longueur des syntagmes, poses, régularité des alexandrins, procédés pour allonger les deux derniers vers). — Le sens du temps : avancement progressif d'une éternisation. Étudiez ce thème en remarquant la valeur du présent, le rôle des locutions et adverbes de temps, etc.

● VERS 64-70. Montrez comment se trouvent synthétisés dans cette strophe quelques-uns des thèmes les plus personnels du poète. Éva s'est multipliée (« vos regards », dit-il); l'effacement n'a plus de pouvoir; c'est le miroir des générations renouvelées qui est vrai juge du passé. Comparez le vers 65 aux vers 227-234 de « la Maison du Berger » (page 59) et à la strophe IV du « Post-Scriptum » des « Oracles » (page 76). — Analysez comment l'acte de foi final conjugue deux thèmes, contradictoires au départ : le thème du renouvellement perpétuel des êtres (relevez tous les termes qui insistent sur ce thème); le thème de la permanence de l'œuvre passée.

■ SUR L'ENSEMBLE DE « L'ESPRIT PUR ». — En quoi Vigny se révèle-t-il ici à la fois fidèle aux formes et infidèle à l'esprit de la religion catholique?

— Comment le poète allie-t-il, dans « l'Esprit pur », un chant d'orgueil individualiste et un chant d'optimisme humanitaire?

— Éva : loi salique de l'héritage spirituel.

— Témoignage d'une mutation de Vigny des valeurs charnelles et de la noblesse terrienne aux valeurs et à l'aristocratie spirituelles, « l'Esprit pur » ne serait-il pas le mythe d'un transfert sentimental?

— Quelle conception de la littérature Vigny prône-t-il ici?

DOCUMENTATION THÉMATIQUE

réunie par la Rédaction des Nouveaux Classiques Larousse

1.1. Le travail de création : projets, ébauches et variantes.

1.2. Vigny et Joseph de Maistre : le thème du sauvage.

1.3. Le thème oriental : *la Colère de Samson* et *l'Alméh*.

1.4. Vigny et Musset : *la Flûte* et *Dupont et Durand*.

1. LE TRAVAIL DE CRÉATION : PROJETS, ÉBAUCHES ET VARIANTES

1.1. LES DESTINÉES (page 35)

• **Canevas de 1847.**

Poèmes philosophiques. — *Les Destinées,* 12 juillet 1847 (ceci est la forme la meilleure de l'Idée de la Fatalité et de la Grâce).

Les Destinées de la Fatalité pèsent comme des statues de plomb sur le front des hommes. Leurs pieds d'airain sont posés sur ces têtes humaines. Les Destinées de la Grâce ont des ailes. L'Esprit Saint les fait descendre des pieds du Christ. Elles se posent près du cœur de l'homme.

— Puis le souffle de la Liberté soulève leurs ailes. La mobile Liberté de chaque homme fait mouvoir çà et là sa destinée; comme un Ange familier elle s'élève, elle remonte, elle porte aux pieds de Dieu la palme de la Vertu et laisse tomber en passant sur la terre la couronne de sa gloire humaine.

— Mais, quelquefois aussi, la Destinée envoyée par l'Esprit Saint s'attriste profondément et, humiliée de n'avoir que du mal à rapporter en haut, accompagne le mortel jusques sur le seuil de la Mort et là baisse sa tête et, se sentant condamnée, elle gémit, elle pleure et meurt en même temps que lui.

(B. N., n. a. f., 24984, folio 6, A5.)

• **Septain initial.**

Un brouillon donne la variante suivante :

Avant les temps du Christ, chaque homme sur sa tête
Sentait peser deux pieds invisibles et lourds,
C'était la destinée invisible et muette
Qui marquait tous ses pas et comptait tous ses jours.
La fatalité froide ici faisait descendre
Ces déesses de marbre. En leur urne de cendre
L'homme était tout entier et les dieux étaient sourds.

1.2. LA MAISON DU BERGER (page 45).

• *Pour la 3ᵉ strophe, deux états ont été trouvés dans les manuscrits de Vigny :*

(A) Si ton beau corps pâlit de se voir face à face
De ce mort ranimé que l'on dit ton époux,
Si ta main s'amaigrit dans cette main de glace
Qui n'a de mouvement qu'un mouvement jaloux;
Si ta lèvre se sèche au poison des mensonges
Et si ton beau front pur est rougi par des songes
Qui me vengent de l'ombre en te parlant de nous...

(B) Si ton corps séparé de ce corps qui le presse
Et le berce la nuit comme un lit palpitant,
Est contraint de cacher ton âme de maîtresse
Et d'en montrer une autre au profane insultant,
Si ta lèvre se sèche au poison des mensonges,
Si ton beau front rougit de passer dans les songes
D'un impur inconnu qui te voit et t'entend...

• *Pour les vers 162 et suivants, variante trouvée dans les manuscrits :*

Toute petite encore et fraîche adolescente,
Nos graves magistrats comme Etienne Pasquier
Flétrirent en public ta parole décente
Et tu dansas pour eux dans leur sénat grossier.
Bohémienne, après la lutte sérieuse
Ils aimaient à t'entendre impudente et rieuse
Célébrer une puce aux Grands Jours de Poitiers.

• *Pour la fin de son poème (ou de son recueil?), Vigny avait d'abord esquissé plusieurs versions, d'un accent optimiste, en particulier cette « Réponse d'Eva », que P. Flottes a retrouvée dans ses manuscrits :*

Le rideau s'est levé devant mes yeux débiles,
La lumière s'est faite, et j'ai vu ses splendeurs;
J'ai compris nos destins par ces ombres mobiles
Qui se peignaient en noir sur de vives couleurs.
Ces feux, de ta pensée, étaient les lueurs pures,
Ces ombres, du passé, les magiques figures,
J'ai tressailli de joie en voyant nos grandeurs.
Il est donc vrai que l'Homme est monté par lui-même
Jusqu'aux sommets glacés de sa vaste raison,
Qu'il y peut vivre en paix sans plainte et sans blasphème
Et mesurer le monde et sonder l'horizon.
Il sait que l'univers l'écrase et le dévore;
Plus grand que l'univers, qu'il juge et qui l'ignore,
Le Berger a lui-même éclairé sa maison.

Une première ébauche de cette fin se trouve dans le Journal, *à la date d'août 1843. Voir aussi J. Sangnier,* Mémoires inédits, *p. 430, et le projet de poème intitulé « L'Age d'or de l'avenir »* (Journal, *1845*).

1.3. LES ORACLES (page 65).

Strophe VI supprimée dans le manuscrit, lors de l'ultime révision de 1863 :

Ce siège fut très lent, lorsque les litanies
Déroulaient les feux lourds de leurs pesants lecteurs,
Et quand, d'un air d'acteur traînant leurs batteries,
S'embourbaient en marchant les froids récitateurs.
Mais tout fut décidé lorsque, sur quatre roues,
Au galop, mèche en main, la sueur sur les joues,
Vinrent, en folâtrant, les improvisateurs.

1.4. LA MORT DU LOUP (page 101). Vers 18-23.

• *V. L. Saulnier signale la variante suivante d'un manuscrit de la collection Lovenjoul :*

Le plus vieux des chasseurs qui s'étaient mis en quête
A regardé le sable, attendant, à genoux,
Qu'une étoile jetât quelque lueur sur nous;
Puis, tout bas, a juré que ces marques récentes
Annonçaient la démarche et les griffes puissantes
De deux grands loups-cerviers et de deux louveteaux.

F. Baldensperger signale que, sur ce manuscrit, Vigny avait indiqué « bon à imprimer »; personne n'a retenu cette variante.

• *Dans un autre manuscrit, de la collection Sangnier, du 31 octobre 1838, revu à une date ultérieure et présentant, selon F. Germain, le dernier état de « la Mort du Loup », ces mêmes vers 18-23 sont remplacés, de la main de l'auteur, par le raccourci suivant :*

Rien ne bruissait donc, quand, marchant tête basse,
Le plus vieux des chasseurs nous indiqua la trace
De deux grands loups-cerviers et de deux louveteaux.

Ce texte définitif (*noté par Vigny « à transcrire, oct. 1856 »*) *est adopté par P. G. Castex dans son édition. Le poème, comme l'écrit lui-même Vigny, n'a plus alors que 84 vers* (*voir* Revue d'histoire littéraire de la France, *avril-juin 1964*).

1.5. LE MONT DES OLIVIERS (page 113).

Ebauche de 1839 (*vers supprimés parce que trop blasphématoires, dit Lauvrière*) *:*

Je ne suis pas le fils de Dieu. Trois fois maudit
Qui le dit à présent, et l'a jamais prédit.
Maudits soient à jamais les bergers et les mages
Qui des dieux sur ma crèche ont brisé les images;

Maudits leurs yeux troublés qui virent dans les airs
Une étoile suivant ma famille aux déserts,
Des fleurs tombant du ciel sur mon front, et des anges
Baisant les deux pieds nus d'un enfant dans ses langes.
Hérode a massacré le Sauveur et le roi.
Je ne sais qui c'était, mais ce n'était pas moi.
Qui suis-je? Un faible enfant conçu dans le mystère
D'un songe et mis au jour comme un fruit adultère,
... Car je suis fils de l'homme et non le fils de Dieu.

1.6. LA BOUTEILLE A LA MER (page 124).

Strophe supprimée :

La foi superbe et grave est l'humaine science
Semant et récoltant les fruits de la Raison;
L'Homme, roi de sa vie et de sa conscience,
Le Droit dans la cité, le Droit dans sa maison;
Le Progrès en tous lieux, partout la découverte;
La plaine de la mer et de la terre ouverte
Au laboureur du globe errant dans sa prison.

1.7. POST-SCRIPTUM (page 72).

- **Projet de traité « l'Homme d'Etat » :**

Livre à faire dans la forme du *Prince* de Machiavel. — Examiner les conditions nécessaires pour former l'homme d'Etat, et établir que la souplesse de la parole, l'art d'arguer et de pétrir des paradoxes ne forment pas l'homme d'Etat : qu'il faut une fermeté de conscience et de probité à toute épreuve, garantie par une vie irréprochable.

(*Journal*, 1839.)

- **Lettre aux électeurs de Charente :**

Je me présente à l'élection sans détourner la tête pour regarder vers le Passé, occupé seulement de l'Avenir de la France. Mais, si mes concitoyens veulent chercher dans les années écoulées pour y voir ma vie, ils y trouveront une indépendance entière, calme, persévérante, inflexible; seize ans de cette vie consacrés au plus rude des services de l'armée, tout le reste voué aux grandes études. Existence sévère, dégagée des entraves et des intrigues des partis. J'ai ce bonheur, acquis avec effort, conservé avec courage, de ne rien devoir à aucun gouvernement, n'en ayant ni recherché ni accepté aucune faveur. Aussi ai-je souvent éprouvé combien cette indépendance de caractère et d'esprit est plus en ombrage au pouvoir que l'opposition même. La raison en est celle-ci : les pouvoirs absolus ou qui prétendent à le devenir peuvent espérer corrompre ou renverser un adversaire, mais ils n'ont aucun espoir de fléchir un juge libre qui n'a pour eux ni amour ni haine.

Si la République sait se comprendre elle-même, elle saura le prix des hommes qui pensent et agissent selon ce que je viens de dire. Elle n'aura jamais rien à craindre d'eux, puisqu'elle doit être le gouvernement de tous par chacun et de chacun par tous. Ainsi conçu, ce mâle gouvernement est le plus beau. J'apporte à sa fondation ma part de travaux dans la mesure de mes forces. Quand la France est debout, qui pourrait s'asseoir pour méditer ?

Lorsque l'Assemblée nationale, dans de libres délibérations, aura confirmé, au nom de la France, la République déclarée, efforçons-nous de la former à l'image des Républiques sages, pacifiques et heureuses, qui ont su respecter la Propriété, la Famille, l'Intelligence, le Travail et le Malheur ; où le gouvernement est modeste, probe, laborieux et économe ; ne pèse pas sur la nation ; pressent, devine ses vœux et ses besoins ; seconde ses larges développements et la laisse librement vivre et s'épanouir dans toute sa puissance.

Je n'irai point, chers concitoyens, vous demander vos voix. Je ne reviendrai visiter, au milieu de vous, notre belle Charente, qu'après que votre arrêt aura été rendu. Dans ma pensée, le peuple est un souverain juge qui ne doit pas se laisser approcher par les solliciteurs et qu'il faut assez respecter pour ne point tenter de l'entraîner ou de le séduire. Il doit donner à chacun selon ses œuvres. Ma vie et mes œuvres sont devant vous.

A. de Vigny (de la Charente),
membre de l'Institut (Académie française).
Paris, 27 mars 1848.

2. VIGNY ET JOSEPH DE MAISTRE : LE THÈME DU SAUVAGE

On rapprochera les idées de Vigny dans *la Sauvage* de celles qu'exprime J. de Maistre dans le deuxième entretien des *Soirées de Saint-Pétersbourg,* dont nous donnons ici le passage essentiel sur ce thème (voir aussi la Notice de *la Sauvage,* plus haut, page 79).

LE CHEVALIER. — Vous venez de nous prouver, mon bon ami, qu'on parle volontiers de ce qu'on aime. Vous m'aviez promis un symbole sec : mais votre profession de foi est devenue une espèce de dissertation. Ce qu'il y a de bon, c'est que vous n'avez pas dit un mot des sauvages qui l'ont amenée.

LE COMTE. — Je vous avoue que sur ce point je suis comme Job, *plein de discours.* Je les répands volontiers devant vous ; mais que ne puis-je, au prix de ma vie, être entendu de tous les hommes et m'en faire croire ! Au reste, je ne sais pourquoi vous me rappelez les sauvages. Il me semble, à moi, que je n'ai pas cessé un moment de vous en parler. Si tous les hommes viennent des trois couples qui repeuplèrent l'univers, et si le genre humain a commencé par la science, le sauvage ne peut plus être, comme je vous le disais, qu'une branche détachée de l'arbre social. Je pourrais encore vous abandonner la science, quoique très incontestable, et ne me réserver que la Religion, qui suffit seule, même à un degré très imparfait, pour exclure l'état de sauvage. Partout où vous verrez un autel, là se trouve la civilisation. *Le pauvre en sa cabane, où le chaume le couvre,* est moins savant que nous, sans doute, mais plus véritablement social, s'il assiste au catéchisme et s'il en profite. Les erreurs les plus honteuses, les plus détestables cruautés ont souillé les annales de Memphis, d'Athènes et de Rome ; mais toutes les vertus réunies honorèrent les cabanes du Paraguay. Or, si la Religion de la famille de Noé dut être nécessairement la plus éclairée et la plus réelle qu'il soit possible d'imaginer, et si c'est dans sa réalité même qu'il faut chercher les causes de sa corruption, c'est une seconde démonstration ajoutée à la première, qui pouvait s'en passer. Nous devons donc reconnaître que l'état de civilisation et de science, dans un certain sens, est l'état naturel et primitif de l'homme. Ainsi toutes les traditions orientales commencent par un état de perfection et de lumières, je dis encore de *lumières surnaturelles;* et la Grèce, la menteuse Grèce, *qui a tout osé dans l'histoire,* rendit hommage à cette vérité en plaçant son âge d'or à l'origine des choses. Il n'est pas moins remarquable qu'elle n'attribue point aux âges suivants, même à celui de fer, l'état sauvage ; en sorte que tout ce qu'elle nous a conté de ces premiers hommes vivant dans les bois, se nourrissant de glands, et passant ensuite à l'état social, la met en contradiction avec elle-même, on ne peut se rapporter qu'à des cas particuliers, c'est-à-dire à quelques peuplades dégradées et revenues ensuite péniblement *à l'état de nature,* qui est la civilisation. Voltaire, c'est tout dire, n'a-t-il pas avoué que la devise de toutes les nations fut toujours : L'ÂGE D'OR LE PREMIER SE MONTRA SUR LA TERRE ? Eh bien, toutes les nations ont donc protesté de concert contre l'hypothèse d'un état primitif de barbarie, et sûrement c'est quelque chose que cette protestation.

Maintenant, que m'importe l'époque à laquelle telle ou telle branche fut séparée de l'arbre ? elle l'est, cela me suffit : nul doute sur la dégradation, et j'ose le dire aussi, nul doute sur la cause de la dégradation, qui ne peut être qu'un crime. Un chef de peuple ayant altéré chez lui le principe moral par quelques-unes de ces prévarications qui, suivant les apparences, ne sont plus possibles dans l'état actuel des choses, parce que nous n'en savons heureusement plus assez pour devenir coupables à ce point ; ce chef de peuple, dis-je, transmit l'anathème à sa postérité ; et toute force constante étant de sa nature accélératrice, puisqu'elle s'ajoute continuellement à elle-même, cette dégradation pesant sans intervalle sur les descendants, en a fait à la fin ce que nous appelons des *sauvages*. C'est le dernier degré d'abrutissement que Rousseau et ses pareils appellent *l'état de nature*. Deux causes extrêmement différentes ont jeté un nuage trompeur sur l'épouvantable état des sauvages : l'une est ancienne, l'autre appartient à notre siècle. En premier lieu l'immense charité du sacerdoce catholique a mis souvent, en nous parlant de ces hommes, ses désirs à la place de la réalité. Il n'y avait que trop de vérité dans ce premier mouvement des Européens qui refusèrent, au siècle de Colomb, de reconnaître leurs semblables dans les hommes dégradés qui peuplaient le nouveau monde. Les prêtres employèrent toute leur influence à contredire cette opinion qui favorisait trop le despotisme barbare des nouveaux maîtres. Ils criaient aux Espagnols : « Point de violences, l'Evangile les réprouve ; si vous ne savez pas renverser les idoles dans le cœur de ces malheureux, à quoi bon renverser leurs tristes autels ? Pour leur faire connaître et aimer Dieu, il faut une autre tactique et d'autres armes que les vôtres. » Du sein des déserts arrosés de leur sueur et de leur sang, ils volaient à Madrid et à Rome pour y demander des édits et des bulles contre l'impitoyable avidité qui voulait asservir les Indiens. Le prêtre miséricordieux les exaltait pour les rendre précieux ; il atténuait le mal, il exagérait le bien, il promettait tout ce qu'il désirait ; enfin Robertson, qui n'est pas suspect, nous avertit, dans son histoire d'Amérique, *qu'il faut se défier à ce sujet de tous les écrivains qui ont appartenu au clergé, vu qu'ils sont en général trop favorables aux indigènes.* Une autre source de faux jugements qu'on a portés sur eux se trouve dans la philosophie de notre siècle, qui s'est servie des sauvages pour étayer ses vaines et coupables déclamations contre l'ordre social ; mais la moindre attention suffit pour nous tenir en garde contre les erreurs de la charité et contre celles de la mauvaise foi. On ne saurait fixer un instant ses regards sur le sauvage sans lire l'anathème écrit, je ne dis pas seulement dans son âme, mais jusque sur la forme extérieure de son corps. C'est un enfant difforme, robuste et féroce, en qui la flamme de l'intelligence ne jette plus qu'une lueur pâle et intermittente. Une main redoutable appesantie sur ces races dévouées efface en elles les deux caractères distinctifs de notre grandeur, la prévoyance et la perfectibilité. Le sauvage coupe l'arbre pour cueillir le fruit ; il dételle le bœuf que les missionnaires viennent de lui confier, et le fait cuire avec le bois de la charrue. Depuis plus de trois siècles il nous contemple sans avoir rien voulu recevoir de nous, excepté la poudre pour tuer ses semblables, et l'eau-de-vie pour se tuer lui-même ; encore n'a-t-il jamais imaginé de fabriquer ces choses : il s'en repose sur notre avarice, qui ne lui manquera jamais. Comme les substances les plus abjectes et les plus révoltantes sont cependant encore susceptibles d'une certaine dégénération, de même les vices naturels de l'humanité sont encore viciés dans le sauvage. Il est voleur, il est cruel, il est dissolu, mais il l'est autrement que nous. Pour être criminels, nous surmontons notre nature : le sauvage la suit, il a l'appétit du crime, il n'en a point les remords. Pendant que le fils tue son père pour le soustraire aux ennuis de la vieillesse, sa femme détruit dans son sein le fruit de ses brutales amours pour échapper aux fatigues de l'allaitement. Il arrache la chevelure sanglante de son ennemi vivant ; il le déchire, il le rôtit, et le dévore en chantant ; s'il tombe sur nos liqueurs fortes, il boit jusqu'à l'ivresse, jusqu'à la fièvre, jusqu'à la mort, également dépourvu de la raison qui commande à l'homme par la crainte, et de l'instinct qui écarte l'animal par le dégoût. Il est visiblement dévoué ; il est frappé dans les dernières profondeurs de son essence morale ; il fait trembler l'observateur qui sait voir : mais voulons-nous trembler sur nous-mêmes et d'une manière très salutaire ? songeons qu'avec notre intelligence, notre morale, nos sciences et nos arts, nous sommes précisément à l'homme primitif ce que le sauvage est à nous. Je ne puis abandonner ce sujet sans vous suggérer encore une observation importante : le barbare, qui est une espèce de moyenne proportionnelle entre l'homme civilisé et le sauvage, a pu et peut encore être civilisé par une religion quelconque ; mais le sauvage proprement dit ne l'a jamais été que par le christianisme. C'est un prodige du premier ordre, une espèce de rédemption, exclusivement réservée au véritable sacerdoce. Eh ! comment le criminel condamné à la mort civile pourrait-il rentrer dans ses droits sans lettre de grâce du souverain ? et quelles lettres de ce genre ne sont pas contresignées ? plus vous y réfléchirez, et plus vous serez convaincus qu'il n'y a pas moyen d'expliquer ce grand phénomène des peuples sauvages, dont les véritables philosophes ne se sont point assez occupés.

Au reste, il ne faut pas confondre le *sauvage* avec le *barbare*. Chez l'un le germe de la vie est éteint ou amorti ; chez l'autre il a reçu la fécondation et n'a plus besoin que du temps et des circonstances pour se développer. De ce moment la langue qui s'était dégradée avec l'homme, renaît avec lui, se perfectionne et s'enrichit. Si l'on veut appeler cela *langue nouvelle,* j'y consens : l'expression est juste dans un sens ; mais ce sens est bien différent de celui qui est adopté par les sophistes modernes, lorsqu'ils parlent de langues *nouvelles* ou *inventées*.

3. LE THÈME ORIENTAL :
LA COLÈRE DE SAMSON ET *L'ALMÉH*

L'Alméh, scènes du désert (fragments), dans son premier chapitre, contient déjà un certain nombre de traits orientaux que l'on retrouve dans *la Colère de Samson* (voir plus haut, page 92). On en jugera d'après le texte :

I

UNE TENTE ARABE

Ze djoubish morgh we mahy aramideh
Tlhawaditz pay derdamen xechidèh.

Tous les êtres créés jouissaient d'un sommeil paisible, et le malheur lui-même était endormi.

DJAMY, poète persan.
Amours de Zuleïka.

Cette histoire commence au milieu des nuits paisibles, claires et froides du Saïd, nom arabe de la Haute-Egypte, dans l'année de l'hégire 1212, que les chrétiens appellent l'an 1797, et que les Français nommaient alors l'an VI de la République, et dans le désert qui s'étend sur la rive gauche du Nil, à quelques lieues des grandes ruines de Thèbes. La lumière de nuit était pure comme elle l'est toujours sous ce beau climat; mais comme l'horizon y est continuellement voilé par de légères vapeurs, ce n'était qu'au zénith seulement que l'on pouvait voir les larges étoiles de la zone torride, et les constellations inconnues à l'œil de l'Européen. Une terre inégale et blanchâtre, sans l'éclat de la neige, mais ondulée comme elle, s'étendait jusqu'à l'horizon comme une nappe immense dont rien ne rompait la triste uniformité. Cette sorte de mer immobile avait une lueur blafarde et mate, et partout s'étendaient des sables sans ombre. Seuls au milieu de la terre vide et stérile, s'élevaient deux colosses comme deux rochers dans l'océan; ces figures énormes et d'inégale grandeur reposaient assises à côté l'une de l'autre sur des trônes de granit noir, larges comme deux collines[1]; à la lueur des étoiles, on pouvait distinguer leurs bras immenses s'appuyant sur leurs genoux réunis; et dans l'air, à une grande hauteur, reluisaient leurs têtes mutilées, qui s'élevaient sur leurs épaules comme deux grandes tours ruinées sur deux montagnes voisines. Ces antiques statues semblaient régner sur le désert, et lui imposer son silence : tout, jusqu'à l'air lui-même, était sans mouvement, quelquefois seulement une brise soudaine et rapide, venue de la mer Rouge, faisait voler devant elle un peu du sable fin de la plaine; et puis, comme si cette terre morte eût fait un vain effort pour s'agiter et revivre, tout retombait dans un éternel repos.

Cependant un bruit inusité s'éleva tout à coup dans cette nuit silencieuse, ce fut un tintement léger de sonnettes et de grelots, secoués par un mouvement fréquent et régulier : une masse blanchâtre qui courait rapidement s'approcha des deux colosses, et tourna deux fois à l'entour. C'était un petit éléphant blanc, de la moindre taille, qui passait avec un trot rapide et allongé : un homme paraissait assis sur son dos, au milieu de plusieurs fardeaux élevés; douze autres hommes couraient à ses côtés, un enfant était couché sur sa tête. Après avoir fait le tour des statues, l'éléphant fut arrêté par son guide entre ces deux colosses, et vers le socle du plus grand, qui a soixante pieds de haut, et dont sa trompe n'atteignait pas le pied. Une petite lumière rougeâtre brillait sur le sable; elle éclairait l'intérieur d'une tente arabe plantée sur quatre piquets, et couverte de peaux de chèvres. Ce toit nomade s'appuyait contre la base immortelle et pesante de la statue de Memnon, et s'élevait à peine à la moitié de son piédestal; les deux pieds réunis du colosse paraissaient comme un double dôme sur la tente qu'ils ombrageaient. A quelques pas, une longue lance était plantée dans le sable; un large anneau de fer passé dans le bois de cette pique ployante, et balancée comme un jeune arbre, retenait la jambe d'un beau cheval, qui se mit à hennir en secouant sa crinière et frappant la terre de son pied libre. L'odeur et l'aspect de l'éléphant l'avaient effrayé, et l'influence qu'exerce l'approche de ce puissant animal sur tous les autres fut communiquée à deux chameaux, qui, se levant par saccades, passèrent leurs longs cols pardessus la petite tente, et firent de vains efforts pour briser les licols qui les attachaient à des débris de monuments. Cet effroi ne jeta aucun trouble sous le toit des hommes; personne ne parut hors de la tente, et le nouveau venu, après s'être laissé glisser sur le flanc de l'éléphant agenouillé, et l'avoir fait conduire à quelque distance par les hommes de sa suite, entra seul dans la tente. Il souleva le tissu de peaux de chèvres qui la formait, et demeura debout sur le seuil sans entrer. Il vit alors ceux qu'il semblait être venu chercher, un homme et une jeune femme, placés en face l'un de l'autre, et dans la même attitude. Un vieillard grave était, non pas assis, mais ployé, les jambes croisées, sur le tapis qui régnait dans toute la tente, et fumait une longue pipe dont le tuyau formait autant de cercles et d'anneaux que le corps d'un serpent avant d'arriver au réceptacle du tabac, posé au milieu du cercle comme un vase ou un encensoir; son aspect était vénérable par la noblesse de ses traits allongés et amaigris, l'expression de ses yeux noirs et bien fendus était fort douce; mais le sourire de ses lèvres épaisses, trait particulier aux Arabes, était une sorte de convulsion sauvage qui, à la manière du tigre, découvre des dents luisantes que l'on croirait prêtes à mordre; une barbe blanche et droite tombait en touffes inégales et désordonnées sur la poitrine nue de cet homme; un schall était négligemment noué sur sa tête chauve, et un vaste manteau blanc, drapé autour de son corps avec un art connu des Orientaux seuls, cachait des membres nerveux et bruns, et des bras nus qu'il découvrait en parlant, et dont il montrait complaisamment la force.

Devant lui, une jeune fille, d'environ quatorze ans, était si mollement couchée, qu'on l'aurait crue endormie. Deux coussins d'une étoffe brune déchirée en plusieurs endroits, soutenaient son bras et sa tête. Un grand voile de toile blanche tombait derrière ses cheveux tressés en longues nattes, au bout desquelles pendaient de petites sonnettes d'argent, et des sequins d'or percés et attachés de distance en distance à chaque nœud des tresses. Tout son costume avait une forme voluptueuse et négligée, par on ne sait quel mélange de luxe oriental et de misère sauvage : une sorte de pantalon, d'une étoffe transparente, usée et ternie, laissait nus sa ceinture et son sein, et la couvrait jusqu'à ses pieds, très petits et posés à nu sur des souliers de bois; à son cou pendaient des colliers ornés de mille petites figures et soutenant deux petites boîtes, dont l'une contenait, selon l'usage, un verset du Koran, l'autre des essences. La beauté régulière de ses traits était admirable, sa bouche était petite et sérieuse, ses yeux grands et doux étaient baissés avec leurs longues paupières sur une sorte de mandoline arabe à long manche et à trois cordes appelée *tan-bour,* qu'elle effleurait presque sans bruit du bout des doigts. Deux choses de la nature et de l'art s'unissaient cependant pour donner à cette jeune fille un aspect moins doux au premier abord; son teint était absolument jaune, ses sourcils arqués étaient peints d'une couleur étrangère et noire, appelée *surméh,* et l'extrémité de ses doigts était rougie de ce *hennéh*[2], qui rassemble les nuances de la pourpre et du safran. Près d'elle étaient posées, sur le tapis, trois tasses d'un café fumant, et une petite pyramide de riz. L'intérieur de cette petite demeure était éclairé par un œuf d'autruche suspendu au sommet de la tente, et rempli à demi d'une huile odoriférante.

---

1. Le piédestal et le colosse (du sud) réunis pèsent plus de mille trois cents kilos (2 611 985 livres) ; **2.** *Hennéh :* arbrisseau qui croît dans l'Inde et est cultivé en Egypte, surtout aux environs du Caire. Ses feuilles séchées et broyées donnent une pâte qui sert de teinture.

4. VIGNY ET MUSSET :

LA FLÛTE ET *DUPONT ET DURAND*

En utilisant la Notice de *la Flûte* (ci-dessus, page 108), on tentera les rapprochements que permet le texte de Musset cité intégralement ci-dessous.

Dupont et Durand

DIALOGUE

DURAND

Manes de mes aïeux, quel embarras mortel!
J'invoquerais un dieu, si je savais lequel.
Voilà bientôt trente ans que je suis sur la terre,
Et j'en ai passé dix à chercher un libraire.
Pas un être vivant n'a lu mes manuscrits,
Et seul dans l'univers je connais mes écrits.

DUPONT

Par l'ombre de Brutus, quelle fâcheuse affaire!
Mon ventre est plein de cidre et de pommes de terre.
J'en ai l'âme engourdie, et, pour me réveiller,
Personne à qui parler des œuvres de Fourier!
En quel temps vivons-nous? Quel dîner déplorable!

DURAND

Que vois-je donc là-bas? Quel est ce pauvre diable
Qui dans ses doigts transis souffle avec désespoir,
Et rôde en grelottant sous un mince habit noir?
J'ai vu chez Flicoteau ce piteux personnage.

DUPONT

Je ne me trompe pas. Ce morne et plat visage,
Cet œil sombre et penaud, ce front préoccupé,
Sur ces longs cheveux gras ce grand chapeau râpé...
C'est mon ami Durand, mon ancien camarade.

DURAND

Est-ce toi, cher Dupont? Mon fidèle Pylade,
Ami de ma jeunesse, approche, embrassons-nous.
Tu n'es donc pas encore à l'hôpital des fous?
J'ai cru que tes parents t'avaient mis à Bicêtre.

DUPONT

Parle bas. J'ai sauté ce soir par la fenêtre,
Et je cours en cachette écrire un feuilleton.
Mais toi, tu n'as donc pas ton lit à Charenton?
L'on m'avait dit pourtant que ton rare génie...

DURAND

Ah! Dupont, que le monde aime la calomnie!
Quel ingrat animal que ce sot genre humain,
Et que l'on a de peine à faire son chemin!

DUPONT

Frère, à qui le dis-tu? Dans le siècle où nous sommes,
Je n'ai que trop connu ce que valent les hommes.
Le monde, chaque jour, devient plus entêté,
Et tombe plus avant dans l'imbécillité.

DURAND

Te souvient-il, Dupont, des jours de notre enfance,
Lorsque, riches d'orgueil et pauvres de science,
Rossés par un sous-maître et toujours paresseux,
Dans la crasse et l'oubli nous dormions tous les deux?
Que ces jours bienheureux sont chers à ma mémoire!

DUPONT

Paresseux! tu l'as dit. Nous l'étions avec gloire;
Ignorants, Dieu le sait! Ce que j'ai fait depuis
A montré clairement si j'avais rien appris.
Mais quelle douce odeur avait le réfectoire!
Ah! dans ce temps du moins je pus manger et boire!
Courbé sur mon pupitre, en secret je lisais
Des bouquins de rebut achetés au rabais.
Barnave et Desmoulins m'ont valu des férules;
De l'aimable Saint-Just les touchants opuscules
Reposaient sur mon cœur, et je tendais la main
Avec la dignité d'un sénateur romain.
Tu partageas mon sort, tu manquas tes études.

DURAND

Il est vrai, le génie a ses vicissitudes.
Mon crâne ossianique, aux lauriers destiné,
Du bonnet d'âne alors fut parfois couronné.
Mais l'on voyait déjà ce dont j'étais capable.
J'avais d'écrivailler une rage incurable;
Honni de nos pareils, moulu de coups de poing,
Je rimais à l'écart, accroupi dans un coin.
Dès l'âge de quinze ans, sachant à peine lire,
Je dévorais Schiller, Dante, Gœthe, Shakspeare;
Le front me démangeait en lisant leurs écrits.
Quant à ces polissons qu'on admirait jadis,
Tacite, Cicéron, Virgile, Horace, Homère,
Nous savons, Dieu merci! quel cas on en peut faire.
Dans les secrets de l'art prompte à m'initier,
Ma muse, en bégayant, tentait de plagier;
J'adorais tour à tour l'Angleterre et l'Espagne,
L'Italie, et surtout l'emphatique Allemagne.
Que n'eussé-je pas fait pour savoir le patois

Que le savetier Sachs mit en gloire autrefois!
J'aurais certainement produit un grand ouvrage.
Mais, forcé de parler notre ignoble langage,
J'ai du moins fait serment, tant que j'existerais,
De ne jamais écrire un livre en bon français;
Tu me connais, tu sais si j'ai tenu parole.

DUPONT

Quand arrive l'hiver, l'hirondelle s'envole;
Ainsi s'est envolé le trop rapide temps
Où notre ventre à jeun put compter sur nos dents.
Quels beaux croûtons de pain coupait la ménagère!

DURAND

N'en parlons plus; ce monde est un lieu de misère.
Sois franc, je t'en conjure, et dis-moi ton destin.
Que fis-tu tout d'abord loin du Quartier latin?

DUPONT

Quand?

DURAND

Lorsqu'à dix-neuf ans tu sortis du collège.

DUPONT

Ce que je fis?

DURAND

Oui, parle.

DUPONT

Eh! mon ami, qu'en sais-je?
J'ai fait ce que l'oiseau fait en quittant son nid,
Ce que put le hasard et ce que Dieu permit.

DURAND

Mais encor?

DUPONT

Rien du tout. J'ai flâné dans les rues;
J'ai marché devant moi, libre, bayant aux grues;
Mal nourri, peu vêtu, couchant dans un grenier
Dont je déménageais dès qu'il fallait payer;
De taudis en taudis, colportant ma misère,
Ruminant de Fourier le rêve humanitaire,
Empruntant çà et là le plus que je pouvais,
Dépensant un écu sitôt que je l'avais,
Délayant de grands mots en phrases insipides,
Sans chemise et sans bas, et les poches si vides

Qu'il n'est que mon esprit au monde d'aussi creux;
Tel je vécus, râpé, sycophante, envieux.

DURAND

Je le sais; quelquefois, de peur que tu ne meures,
Lorsque ton estomac criait : « Il est six heures! »
J'ai dans ta triste main glissé, non sans regret,
Cinq francs que tu courais perdre chez Bénazet.
Mais que fis-tu plus tard? car tu n'as pas, je pense,
Mené jusqu'aujourd'hui cette affreuse existence?

DUPONT

Toujours! J'atteste ici Brutus et Spinosa
Que je n'ai jamais eu que l'habit que voilà!
Et comment en changer? A qui rend-on justice?
On ne voit qu'intérêt, convoitise, avarice.
J'avais fait un projet... Je te le dis tout bas...
Un projet! Mais au moins tu n'en parleras pas...
C'est plus beau que Lycurgue, et rien d'aussi sublime
N'aura jamais paru si Ladvocat m'imprime.
L'univers, mon ami, sera bouleversé,
On ne verra plus rien qui ressemble au passé;
Les riches seront gueux et les nobles infâmes;
Nos maux seront des biens, les hommes seront femmes,
Et les femmes seront... tout ce qu'elles voudront.
Les plus vieux ennemis se réconcilieront,
Le Russe avec le Turc, l'Anglais avec la France,
La foi religieuse avec l'indifférence,
Et le drame moderne avec le sens commun.
De rois, de députés, de ministres, pas un.
De magistrats, néant; de lois, pas davantage.
J'abolis la famille et romps le mariage;
Voilà. Quant aux enfants, en feront qui pourront.
Ceux qui voudront trouver leurs pères chercheront.
Du reste, on ne verra, mon cher, dans les campagnes,
Ni forêts, ni clochers, ni vallons, ni montagnes :
Chansons que tout cela! Nous les supprimerons,
Nous les démolirons, comblerons, brûlerons.
Ce ne seront partout que houilles et bitumes,
Trottoirs, masures, champs plantés de bons légumes,
Carottes, fèves, pois, et qui veut peut jeûner,
Mais nul n'aura du moins le droit de bien dîner.
Sur deux rayons de fer un chemin magnifique
De Paris à Pékin ceindra ma république.
Là, cent peuples divers, confondant leur jargon,
Feront une Babel d'un colossal wagon.
Là, de sa roue en feu le coche humanitaire

Usera jusqu'aux os les muscles de la terre.
Du haut de ce vaisseau les hommes stupéfaits
Ne verront qu'une mer de choux et de navets.
Le monde sera propre et net comme une écuelle;
L'humanitairerie en fera sa gamelle,
Et le globe rasé, sans barbe ni cheveux,
Comme un grand potiron roulera dans les cieux.
Quel projet, mon ami! quelle chose admirable!
A d'aussi vastes plans rien est-il comparable?
Je les avais écrits dans mes moments perdus.
Croirais-tu bien, Durand, qu'on ne les a pas lus?
Que veux-tu! notre siècle est sans yeux, sans oreilles.
Offrez-lui des trésors, montrez-lui des merveilles :
Pour aller à la Bourse, il vous tourne le dos.
Ceux-là nous font des lois, et ceux-ci des canaux;
On aime le plaisir, l'argent, la bonne chère;
On voit des fainéants qui labourent la terre;
L'homme de notre temps ne veut pas s'éclairer,
Et j'ai perdu l'espoir de le régénérer.
Mais toi, quel fut ton sort? A ton tour sois sincère.

DURAND

Je fus d'abord garçon chez un vétérinaire.
On me donnait par mois dix-huit livres dix sous;
Mais il me déplaisait de me mettre à genoux
Pour graisser le sabot d'une bête malade,
Dont je fus maintes fois payé d'une ruade.
Fatigué du métier, je rompis mon licou,
Et, confiant en Dieu, j'allai sans savoir où.
Je m'arrêtai d'abord chez un marchand d'estampes
Qui pour certains romans faisait des culs-de-lampes.
J'en fis pendant deux ans; dans de méchants écrits
Je glissais à tâtons de plus méchants croquis.
Ce travail ignoré me servit par la suite;
Car je rendis ainsi mon esprit parasite,
L'accoutumant au vol, le greffant sur autrui.
Je me lassai pourtant du rôle d'apprenti.
J'allai dîner un jour chez le père la Tuile;
J'y rencontrai Dubois, vaudevilliste habile,
Grand buveur, comme on sait, grand chanteur de couplets,
Dont la gaîté vineuse emplit les cabarets.
Il m'apprit l'orthographe et corrigea mon style.
Nous fîmes à nous deux le quart d'un vaudeville,
Aux théâtres forains lequel fut présenté,
Et refusé partout à l'unanimité.
Cet échec me fut dur, et je sentis ma bile
Monter en bouillonnant à mon cerveau stérile.

Je résolus d'écrire, en rentrant au logis,
Un ouvrage quelconque et d'étonner Paris.
De la soif de rimer ma cervelle obsédée
Pour la première fois eut un semblant d'idée.
Je tirai mon verrou, j'eus soin de m'entourer
De tous les écrivains qui pouvaient m'inspirer.
Soixante in-octavos inondèrent ma table.
J'accouchai lentement d'un poème effroyable.
La lune et le soleil se battaient dans mes vers;
Vénus avec le Christ y dansait aux enfers.
Vois combien ma pensée était philosophique :
De tout ce qu'on a fait, faire un chef-d'œuvre unique,
Tel fut mon but : Brahma, Jupiter, Mahomet,
Platon, Job, Marmontel, Néron et Bossuet,
Tout s'y trouvait; mon œuvre est l'immensité même.
Mais le point capital de ce divin poème,
C'est un chœur de lézards chantant au bord de l'eau.
Racine n'est qu'un drôle auprès d'un tel morceau.
On ne m'a pas compris; mon livre symbolique,
Poudreux, mais vierge encor, n'est plus qu'une relique.
Désolant résultat! triste virginité!
Mais vers d'autres destins je me vis emporté.
Le ciel me conduisit chez un vieux journaliste,
Charlatan ruiné, jadis séminariste,
Qui, dix fois dans sa vie à bon marché vendu,
Sur les honnêtes gens crachait pour un écu.
De ce digne vieillard j'endossai la livrée.
Le fiel suintait déjà de ma plume altérée;
Je me sentais renaître et mordis au métier.
Ah! Dupont, qu'il est doux de tout déprécier!
Pour un esprit mort-né, convaincu d'impuissance,
Qu'il est doux d'être un sot et d'en tirer vengeance!
A quelque vrai succès lorsqu'on vient d'assister,
Qu'il est doux de rentrer et de se débotter,
Et de dépecer l'homme, et de salir sa gloire,
Et de pouvoir sur lui vider une écritoire,
Et d'avoir quelque part un journal inconnu
Où l'on puisse à plaisir nier ce qu'on a vu!
Le mensonge anonyme est le bonheur suprême.
Ecrivains, députés, ministres, rois, Dieu même,
J'ai tout calomnié pour apaiser ma faim.
Malheureux avec moi qui jouait au plus fin!
Courait-il dans Paris une histoire secrète?
Vite je l'imprimais le soir dans ma gazette,
Et rien ne m'échappait. De la rue au salon,
Les graviers, en marchant, me restaient au talon.
De ce temps scandaleux j'ai su tous les scandales,

Et les ai racontés. Ni plaintes ni cabales
Ne m'eussent fait fléchir, sois-en bien convaincu...
Mais tu rêves, Dupont ; à quoi donc penses-tu ?

DUPONT

Ah ! Durand ! du moins si j'avais un cœur de femme
Qui sût par quelque amour consoler ma grande âme !
Mais non ; j'étale en vain mes grâces dans Paris.
Il en est de ma peau comme de tes écrits ;
Je l'offre à tout venant et personne n'y touche.
Sur mon grabat désert en grondant je me couche,
Et j'attends ; — rien ne vient. — C'est de quoi se noyer !

DURAND

Ne fais-tu rien le soir pour te désennuyer ?
Je joue aux dominos quelquefois chez Procope.

DURAND

Ma foi ! c'est un beau jeu. L'esprit s'y développe ;
Et ce n'est pas un homme à faire un quiproquo,
Celui qui juste à point sait faire domino.
Entrons dans un café. C'est aujourd'hui dimanche.

DUPONT

Si tu veux me tenir quinze sous sans revanche,
J'y consens.

DURAND

Un instant ! commençons par jouer
La *consommation* d'abord pour essayer.
Je vais boire à tes frais, pour sûr, un petit verre.

DUPONT

Les liqueurs me font mal. Je n'aime que la bière.
Qu'as-tu sur toi ?

DURAND

Trois sous.

DUPONT

Entrons au cabaret.

DURAND

Après vous.

DUPONT

Après vous.

DURAND

Après vous, s'il vous plaît.

JUGEMENTS SUR VIGNY

Les commentateurs du poète ont trouvé dans son œuvre et dans son attitude bien des points de désaccord. De nos jours encore s'opposent admirateurs et détracteurs, ce qui est l'indice d'un écrivain toujours vivant. Voici quelques points de vue opposés ou complémentaires.

● ***Homme de peu de foi...***

Loin d'avoir en l'avenir de l'humanité la foi touchante mais naïve d'un Lamartine ou d'un Hugo, d'un Michelet aussi, Vigny, sans désespérer du progrès, est plus sensible qu'eux aux difficultés, à la lenteur de la marche de l'humanité vers un avenir meilleur; plus sceptique, plus réfléchi, plus sensible aux tares de l'homme, il le voit encore bien près de la bête.

Philippe Van Tieghem,
Histoire de la littérature française (1949).

● ***Aux ultimes ferveurs.***

Vigny, toute sa vie, a constaté avec désolation les progrès du matérialisme dans les mœurs et les idées; or voilà qu'il annonce comme une réalité présente l'avènement de l'Esprit. Longtemps il a proclamé sa pitié pour les poètes, que la société traite en parias : voilà qu'il les salue comme les maîtres du monde. Il ne peut pourtant pas se flatter qu'en quelques années notre civilisation se soit transfigurée; mais il écarte manifestement toute pensée sombre, pour formuler son dernier message avec plus d'éclat.

Pierre Georges Castex,
les « Destinées » de Vigny (1964).

● ***Une certaine indignité...***

Je crois la vérité toujours bonne à dire quand elle concerne un homme public, un écrivain principalement, qui s'est appliqué à sculpter lui-même à notre profit sa statue : ici la statue du penseur austère, du soldat de l'honneur. Et je ne vois pas pourquoi l'on dissimulerait, quand on en fait la découverte, que le comte Alfred de Vigny s'est conduit, des années durant, au bénéfice du second Empire, en indicateur de police.

Henri Guillemin,
Monsieur de Vigny, homme d'ordre et poète (1955).

● ***Ou la suprême dignité?***

A ce défi que lui posaient les conclusions invinciblement amères de son intelligence, il répondit d'abord par une résignation méprisante et héroïque et en mettant une application rigoureuse à jouer son personnage social en dépit de l'absurdité de la vie, puis par la conscience quasi sacerdotale de sa mission de poète. [...] Vigny n'était pas seulement trop pessimiste — ou trop lucide — pour plaire immédiatement à la foule, il avait aussi trop de dignité. Au contraire des autres romantiques, il a toujours refusé de se donner en spectacle dans son œuvre.

Michel Mourre,
Dictionnaire biographique des auteurs (1958).

● ***La conception difficile de sa poésie.***

Quelle distance de cette imagination avare à la prodigalité d'un Hugo! Chez celui-ci, les mots et les images vont à la recherche des idées; chez Vigny les idées vont à la recherche des mots et des images. Et c'est là ce que l'on entend par sa difficulté et sa gaucherie. [...] Vigny, en sa vie retirée, a recueilli plus d'idées que d'images. Il fait même passer le même vêtement d'une pensée à l'autre; et il arrive à la longue que le vêtement soit usé.

Pierre Moreau,
les « Destinées » (1936).

● ***La conception difficile de la poésie.***

N'être que poète : comment y parvenir, comment préserver la pureté de la poésie alors que les vents de la tribune répandent par tout le monde des mots dévalués? L'inflation dans les sociétés modernes est verbale autant que monétaire. En se multipliant, le mot, à son tour, se dévalue. Ce n'est pas le moindre mérite de Vigny que de donner l'alarme en pleine euphorie romantique. Devant le péril, comme toujours, il se raidit et il s'indigne. Homme de parole, il n'admet pas que s'avilisse la monnaie verbale, expression et garantie de sa bonne foi.

Paul Viallaneix,
dans *le Monde* (28 septembre 1963).

● ***Simple rêveur...***

Il voulait faire servir la philosophie à son génie poétique, oubliant qu'elle est, elle aussi, une souveraine et qu'elle ne sert pas. Ce qu'il appelait ainsi pensées philosophiques n'était point les pensées d'un philosophe, ce n'étaient pas des pensées philosophiques, et même, à dire vrai, ce n'étaient pas des pensées, mais plutôt des rêves et des sentiments, les rêves et les sentiments d'un poète sur ce qui est souvent l'objet des pensées philosophiques.

Charles Péguy,
Étude sur *Vigny* (mars 1897).

● ***Ou vrai philosophe?***

Poète, Vigny est un philosophe. C'est l'Idée d'abord qui compte : l'affabulation n'étant que la « preuve » de l'Idée. Mais une preuve indispensable à l'intelligence de l'Idée : aussi bien pour l'auteur que pour son public. Dans le pittoresque même dont la Fable habillera l'Idée, qu'on ne s'attende pas à voir jouer toutes les ressources d'un descriptif complaisant ou d'un sentimental paresseux : Vigny a la tête épique, c'est un voyant des grands ensembles. Philosophie et épopée, l'une revêtant l'autre, et l'on tient la formule définitive du poète : Vigny, moraliste épique.

V. L. Saulnier,
les « Destinées » (1947).

● ***Bon pour les morceaux choisis.***

Il m'a toujours paru que chez Vigny l'extrême ambition des thèmes poétiques ne trouvait à son service que des moyens d'expression très précaires qui gardent mal ses vers de la redondance, de la platitude et de la cheville. Rien n'est plus rétracté, ne coule moins de source, ne se prête aussi peu à être retenu par cœur. [...] A condition de le dégager de sa gangue en en sacrifiant les neuf dixièmes, un poème comme « la Maison du Berger » [...] marque une des culminations les plus éclatantes, les plus vertigineuses de l'amour-passion et à ce titre me subjugue au point de m'emporter très au-delà du sens appréciable des mots.

André Breton,
cité par M. Eigeldinger (1965).

● ***Unité profonde, synthèse vivante.***

Ce qu'il refuse en décorations, cet art le gagne en richesses cachées; ce n'est pas par hasard que l'image du trésor s'affirme de *Daphné* jusqu'à l'*Esprit pur*, et si le diamant est un objet simple, il est plus encore une substance précieuse. [...] Au-dessous de la clarté liminaire et trompeuse, il faut descendre dans des profondeurs plus obscures jusqu'à la dernière marche où est assise la gravité qui attend. Loin de n'être qu'une intelligence, Vigny se met tout entier dans chaque œuvre, avec sa chair et son cœur, ses enthousiasmes et ses rancunes, ses conflits, ses rêves et sa raison. Aussi, par ses multiples valeurs symboliques, par ses charges sensuelles et affectives, l'image déborde-t-elle la thèse de partout. Le Diamant du Berger n'est pas seulement un équivalent pittoresque et plus noble de la poésie; trésor achevé dans l'œuvre et vivant dans l'homme, il dissipe les angoisses et comble tous les vœux, des plus raisonnables aux plus fous. Il est moins une manière de dire qu'une manière d'être.

François Germain,
l'Imagination d'Alfred de Vigny (1961).

SUJETS D'EXPOSÉS ET DE DEVOIRS

EXPOSÉS

- Vigny, homme et écrivain de traditions.
- Vigny et le progrès, d'après *les Destinées.*
- Images, symboles et mythes dans *les Destinées.*
- Classicisme et romantisme dans *les Destinées.*
- Raison et passion dans *les Destinées.*

DISSERTATIONS

● Sorel disait : « Le pessimisme est l'arme des forts. » En quoi *les Destinées* peuvent-elles lui donner tort ou raison ?

● « Malgré ses hésitations, cette pensée est non pas conformiste mais révoltée. Elle ne recommande le maintien de l'ordre établi que lorsqu'elle doute trop douloureusement que le règne de l'esprit s'établisse jamais en ce monde... » (P. Viallaneix, 1964). Comment Vigny apparaît-il dans *les Destinées :* « homme d'ordre », « homme révolté » ?

● Vigny écrit à Brizeux : « Le remède au désespoir, c'est le mépris » (1831). Il se reprend dans son *Journal* en 1845 : « Seigneur, préservez-moi de trop mépriser les hommes. » Quel rôle joue ce mépris dans *les Destinées ?*

● Discutez cette critique de Remy de Gourmont : « Vigny, au milieu de sa poésie incertaine et techniquement inhabile, a eu le bonheur de créer cinq ou six vers qui sont entrés et qui restent dans toutes les mémoires; mais quand on se reporte au texte, ils sont trop souvent encadrés d'expressions assez médiocres. Il traîne après lui trop d'images usées, serties dans le métal équivoque d'une fausse éloquence. »

● Dans un projet de poème de 1844, Vigny écrit : « Les animaux lâches vont en troupe. Le lion marche seul dans le désert. Qu'ainsi marche toujours le poète » *(Journal).* Est-ce la leçon des *Destinées ?*

● Dans quelle mesure *les Destinées* sont-elles une illustration de cet aphorisme de l'auteur : « Dans la solitude l'homme se ronge le cœur; dans la multitude c'est la foule qui le lui ronge » ?

● Comparez les deux jugements suivants portés sur le titre des *Destinées :*

a) « Ce n'est pas en vain qu'il a pris ce titre des *Destinées,* où la fatalité antique reparaît terrible, effroyable, dans le dogme de la fatalité chrétienne ou de la prédestination, selon Port-Royal. [...] On n'a pas pris garde, quand on a vu dans ces poèmes d'un pessimisme si amer la manifestation, l'expression d'une philosophie foncièrement irréligieuse, on n'a pas fait attention à ceci que « la Mort du Loup » et « le Mont des Oliviers » sont de 1843, c'est-à-dire d'un temps où la pensée de Vigny évoluait encore, tout en restant chrétienne, et que la religion de l'honneur à laquelle elle devait aboutir n'était en somme que du jansénisme émancipé et dévoyé » (Léon Séché).

b) « A l'examiner, on constatera que rien n'est plus contraire à l'esprit du recueil qu'une croyance toute plane au Destin bourreau et tout-puissant. [...] Contre chaque châtiment injuste, il est une vengeance. Si bien que les décrets de la Destinée fatale se réduisent ici à quatre : l'homme n'est pas infini, il n'obtiendra de Dieu nul secours, la Nature l'abandonnera, la Femme le trahira. C'est bien assez pour justifier le titre du recueil, l'épigraphe et le choix du poème des « Destinées » comme liminaire. Mais toutes les autres pièces insistent sur le large domaine où nous avons prise sur le destin. Prises morales : la conscience, la charité, le dévouement. Prises sociales, tous les aspects de la réforme : on abattra la loi de la jungle, le caprice autocrate, le politique pernicieux, pour faire régner la nouvelle loi. [...] Foncièrement, Vigny n'est pas ici plus pessimiste que le capitaine de son navire » (V. L. Saulnier).

● Évoquant l'histoire de la Restauration, Lamartine appelle les poèmes publiés par Vigny des « œuvres de recueillement et d'originalité qui n'ont point de genre parce qu'elles ne rappellent qu'une âme solitaire comme son talent ». Que pensez-vous de la « solitude » de Vigny?

● F. Brunetière a dit : « L'auteur des *Destinées* est de la famille de l'auteur des *Pensées.* » Commentez et discutez.

● Vigny écrit à propos de la poésie : « Lamartine dit souvent que ce n'est qu'une volupté. Cela peut être pour la forme, mais qui empêche qu'elle ne soit une volupté couvrant la pensée et la rendant lumineuse par l'éclat de son cristal conservateur? J'y ferai mon possible » *(Journal*, 1842).
A-t-il réussi dans cette tâche?

● Vigny écrit à propos de lui-même : « Quelquefois il m'a semblé sentir en moi l'ardeur et les forces différentes des deux races dont je suis sorti. Homme du Nord par mon père et du Midi par ma mère, les nerfs vigoureux de l'un et le sang brûlant de l'autre se sont combinés de manière à me donner une nature impressionnable et forte, persévérante et souple. » Quelle personnalité du poète transparaît dans ses *Destinées?*

● Discutez ce jugement d'A. Thibaudet (1936) sur Vigny : « Sa sensibilité orgueilleuse, douloureuse, n'a nui en rien à une raison active qui fait de lui le père la Pensée de la poésie romantique » *(Histoire de la littérature française de 1789 à nos jours).*

TABLE DES MATIÈRES

Mame Imprimeurs - 37000 Tours.
Dépôt légal Octobre 1971. – N° 20546. – N° de série Éditeur 14571.
IMPRIMÉ EN FRANCE *(Printed in France)*. – 870 182 G Juin 1988.